<그리스도인이면 꼭 알아야 할 성경 지식>

데살로니가전서

주의 날을 대비하라

서울솔로몬학교 성경연수원

차 례

이 책에 인용된 성경 구절은 〈한글킹제임스성경〉입니다.

제1과
주의 날과 그리스도의 날

『그러나 형제들아, 그 때와 시기에 관해서는 너희에게 쓸 필요가 없으니 이는 주의 날이 밤에 도둑같이 오리라는 것을 너희 자신이 정확히 알고 있기 때문이니라』(살전 5:1,2).

다시 오신다는 그 약속

구원받은 그리스도인들은 "십자가의 죽음에 자신을 내어 주시기까지" 자기들을 사랑하신 예수 그리스도께서 신비스럽고 거룩한 하늘나라로 떠나가실 때 "하늘의 새 예루살렘의 처소를 마련하면 반드시 다시 돌아와 그분의 행복하고 영원한 신부로 맞아들일 것"이라고 말씀하신 "위대한 약속"을 굳게 붙들어야 한다. 우리의 왕이요, 신랑이신 예수 그리스도께서 마지막으로 하신 약속은 『**반드시 내가 속히 오리라.**』(계 22:20)라는 약속이다. 따라서 진정한 그리스도인은 주님의 약속을 가장 큰 기쁨으로 여기면서 "영원한 바다," 곧 "셋째 하늘의 유리 바다"로 이어지는 어둡고 안개 낀 해변에 불을 지펴 놓아야 한다. 말씀의 등불을 밝히고 예언의 말씀 속에 반짝거리는 빛나는 빛을 하늘을 향해 들어 올려야 하는 것이다. 그리고 저 하늘의 유리 바다를 바라보며 하루하루 주님의 오심을 인내로 기다리고, 또 "속히 오십시오!"라고 간절히 기도하면서 주님의 약속의 말씀이 이뤄질 것을 소망하고, 마음속 깊은 곳으로부터 『**내가 너를 떠나지 아니하고 너를 버리지 아니하리라.**』(히 13:5)라고 말씀하신 주님의 거룩한 사랑을 체험하며 『**그러하옵니다. 주 예수여, 오시옵소서.**』(계 22:20)라고 소리 높여 외쳐야 하는 것이다. 그렇게 하다 보면 언젠가 동이 틀 무렵, 세상이 경박하고 추악한 즐거움에 잔뜩 취한 채 우리의 간절한 소망을 비웃고 있을 때, 예수 그리스도께서는 그 옛날 갈릴리 바다 위로 걸어오신 것처럼 유리 바다를 통과하신 후 저 공중으로 오시어 그분의 얼굴을 내미시면서 우리의 간절한 기다림과 소망과 그에 따른 섬김과 헌신이 결코 헛된 것이 아니었음을 입증해 주실 것이다.

"날"(Day)의 의미

성경에서 "날"(Day)은 다음 "세 가지 의미"로 사용된다. **첫째, "하루 24시간"을 의미하는데**, 일례로, 창세기 1장에 나오는 "재창조 주간 7일"의 첫째 날, 둘째 날, 셋째 날, 넷째 날, 다섯째 날, 여섯째 날, 일곱째 날은 모두 하루 24시간을 가리킨다(cf. 요 11:9). **둘째, "어떤 특정한 날"을 의미한다**. 성경에서 『**심판과 멸망의 날**』(벧후 3:7)은 하루 24시간과 관계없이 "백보좌 심판"이 펼쳐지고 하늘과 땅이 불타 없어져 멸망하는 "특정한 날"이다(계 20:11-15). **셋째, "일정 기간"을 의미하는데**, 그 기간이 "천 년의 기간"일 수도 있고(벧후 3:8), 환란 시대 "7년의 기간"일 수도 있으며(히 3:13,15), 교회 시대 "2천 년의 기간"일 수도 있다(고후 6:2). **또는 "하나님의 날"(벧후 3:12), "주의 날," "그리스도의 날" 등과 같은 "일정한 특정 기간의 날"을 의미할 수도 있다**.

『하나님의 날이 오기를 고대하고 열망하라. 그때는 하늘들이 불에 타서 녹아 버리고 우주의 구성 요소들도 맹렬한 불에 녹아내릴 것이나』(벧후 3:12).

『내가 주의 날에 성령 안에 있었으며 나팔 소리 같은 큰 음성을 내 뒤에서 들었는데』(계 1:10).

『영으로나 말로나 또는 우리에게서 받았다고 하는 편지로나 그리스도의 날이 가까웠다고 마음이 쉽게 흔들리거나 두려워해서는 안 될 것이라』(살후 2:2).

■ 새롭게 깨달았거나 적용할 내용이 있다면 적어 보세요. ■

"주의 날"(the day of the LORD)

성경에서 "주의 날"이란 표현은 모두 "열아홉 번" 나온다(사 2:12; 13:6,9, 겔 13:5; 30:3, 욜 1:15; 2:1,11; 3:14, 암 5:18,20, 옵 1:15, 습 1:7,14, 슥 14:1, 행 2:20, 살전 5:2, 벧후 3:10, 계 1:10). 특히 구약 성경에서는 "주의 날"이란 용어보다는 "주의 날"을 대신 받는 표현인 "그 날"(that day)이라는 표현으로 더 많이 사용되었는데, "그 날"이란 표현이 나오면 "주의 날"을 묘사하는 내용이 대부분인 것이다(슥 14:1-4). 참고로 "주의 날"은 소위 "주일"(主日), 곧 "일요일"이 아니다.

기본적으로 "주의 날"의 특징은 매우 "부정적"이다. 이는 "주의 날"이 "진노와 심판의 날"이고 "멸망과 울부짖는 날"이기 때문이다. 따라서 "주의 날"은 "교만한 자들을 낮추시는 날"(사 2:12), "울부짖는 날과 멸망의 날"(사 13:6), "진노와 맹렬한 분노와 잔인함과 황폐함과 멸망의 날"(사 13:9), "전쟁의 날"(겔 13:5), "구름 낀 날과 이방의 때"(겔 30:3), "슬픔의 날과 멸망의 날"(욜 1:15), "경고의 소리를 내는 날과 땅의 모든 거민이 떠는 날"(욜 2:1), "위대하고 두려운 날"(욜 2:11), "결단의 골짜기에 무리를 모으는 날"(욜 3:14), "화와 어둠의 날"(암 5:18), "어둠의 날과 빛이 없는 날"(암 5:20), "보응의 날"(옵 1:15), "희생의 날"(습 1:7,8), "애곡하는 날"(습 1:10,11), "비통하게 부르짖는 날"(습 1:14), "진노의 날"(습 1:18), "분노의 날"(습 2:2,3), "주께서 민족들을 먹이로 삼는 날"(습 3:8), "약탈물이 나뉘는 날"(슥 14:1) 등으로 묘사된다.

『그 날은 진노의 날이요, 고난과 고통의 날이며, 황폐와 황량의 날이요, 어두움과 침침함의 날이며, 구름과 짙은 흑암의 날이요, 방벽 친 성읍들과 높은 망대들을 향한 나팔과 경고의 날이라』(습 1:15,16).

또한 "주의 날"은 "심판의 날"로서 하나님의 백성인 "이스라엘"과 "이방인"을 심판하는 날이다. 특히 유대인들을 대적하고 박해하고 괴롭혔던 이방인들이 심판받을 것인데, "선지자 이사야"는 이날을 가리켜 『**주의 보복의 날이요, 시온의 논쟁에 대한 보상의 해라.**』(사 34:8)라고 말하면서, 주님께서 이방의 모든 민족과 군대를 완전히 멸하시고 살육하실 것이라고 경고했다(사 63:1-4).

"주님께서는 진노와 권능과 영광 가운데 재림하실 것인데, 그렇게 하시는 주된 목적은 이 세상의 모든 국가들, 정치, 종교, 문화, 예술, 교육, 철학, 과학 등을 파괴시키시고, 또 예수 그리스도를 거부한 채 돈과 섹스에 미쳐 살아가는 죄인들과 성경을 거부하는 죄인들과 그들을 다스리는 사탄의 모든 체계를 완전히 박살내 버리시는 데 있다."(피터 럭크만).

한편 "주의 날"은 그 기간이 "매우 폭넓은 기간"으로, "과거에 역사적으로 이미 성취된 사건들"부터 "미래에 교리적으로, 또 예언적으로 성취될 사건들"에 이르기까지 약 3,800년에 달하는 "긴 기간"이다. 따라서 "주의 날"은 "예수 그리스도의 재림"에 초점이 맞춰져 있지만, 다음과 같이 "다양한 사건들"에 역사적으로 또는 예언적으로 적용할 수 있다.

❶ "앗시리아"를 통해 "북왕국 이스라엘의 열 지파"가 심판을 받는 날(B.C. 722-721, 사 7:14,17,20; 10:5-16,20,21,24,27,32, 암 5:17-20; 6:9,11,14).

❷ "바빌론"을 통해 "남왕국 유다"가 심판을 받고 "예루살렘"이 파괴되는 날(B.C. 606-587, 사 2:12,20, 3:7,16,25,26; 5:25-30, 렘 17:18,19,27, 겔 13:5, 욜 1:6-15, 미 3:1,2, 습 1:7,14).

❸ "페르시아"를 통해 "바빌론"이 심판을 받는 날(B.C. 536, 사 13:6,9,17,19, cf. "이집트를 심판하시는 날" - 겔 30:3,4, "에돔을 심판하시는 날" - 옵 1:15).

중요한 점은, 이상 "역사적으로 이미 이루어진 사건들"이 단순히 과거에 성취된 역사적인 내용들에만 국한되지 않고, "앞으로 이루어질 미래의 주의 날에 있을 사건들"에도 "교리적으로" 또 "예언적으로" 적용된다는 사실이다.

❹ 예수 그리스도의 동정녀 탄생을 중심으로 한 "초림의 상황"(사 7:14-18; 61:1,2, 슥 9:9,10,14,16).

❺ "미래의 대환란과 그날의 심판" 그리고 "예수 그리스도의 재림과 그날의 심판," 곧 "아마겟돈 전쟁" 및 "이방민족들의 심판"(사 25:7-11, 겔 38:19, 욜 2:1-11; 3:9-18, 미 5:1-15, 슥 14:1-6, 말 4:1-3).

❻ "천년왕국과 예수 그리스도의 통치"(사 19:18-25; 24:21-23; 26:1-4, 호 2:18,19, 슥 13:1-6; 14:8-21).

❼ "천년왕국이 끝난 이후 우주가 불로 소멸되는 심판"과 "백보좌 심판"(사 66:22-24, 단 7:9-11, 벧후 3:10).

"그리스도의 날"(the day of Christ)

성경에서 "그리스도의 날"이란 표현은 모두 신약 성경에서만 "세 번" 나오는데(빌 1:10; 2:16, 살후 2:2), 동일한 기간과 동일한 사건을 의미하는 다른 표현으로, "주 예수의 날"(the day of the Lord Jesus)이 "두 번"(고전 5:5, 고후 1:14), "예수 그리스도의 날"(the day of Jesus Christ)이 "한 번"(빌 1:6), "주 예수 그리스도의 날"(the day of the Lord Jesus Christ)이 "한 번"(고전 1:8) 사용되었다. "그리스도의 날"은 현 "교회 시대"를 기준으로 미래의 사건에 "예언적으로" 또 "교리적으로" 적용되는데, 즉 "교회의 휴거"부터 "예수 그리스도의 재림"까지의 기간으로 "환란 시대"와 일치하고(살후 2:2-4), 기간으로 보면 "7년"에 달하는 기간이다.

한편 "그리스도의 날"은 "교회," 곧 "교회 시대에 예수 그리스도를 믿고 구원받은 그리스도인들"에게만 적용되는 날이다. 이날은 어떤 유대인이나 어떤 이방인에게도, 또 어떤 죄인에게도 해당되지 않으며, 오직 "성령으로 거듭난 그리스도인들"에게만 적용된다. 그래서 이 기간에 일어나게 될 주요 사건들은 "교회의 휴거," "그리스도의 심판석," "어린양의 혼인식," "예수 그리스도의 재림"이다.

❶ "교회의 휴거"(빌 1:6, cf. 엡 4:30).

『우리가 이것을 확신하노니 너희 안에서 선한 일을 시작하신 그분께서 예수 그리스도의 날까지 그 일을 완성하시리라』(빌 1:6).

❷ "그리스도의 심판석"(고전 1:8; 5:5, 고후 1:14, 빌 1:10; 2:16).

『생명의 말씀을 제시하여 내가 헛되이 달리지도 아니하였고 헛되이 수고하지도 아니하였다는 것을 그리스도의 날에 내가 자랑하려 함이라』(빌 2:16).

『너희 또한 부분적으로 우리를 아는 바와 같이, 주 예수의 날에 너희도 우리의 기쁨이 되듯 우리가 너희의 기쁨이라는 것이라』(고후 1:14).

『그러한 자를 사탄에게 넘겨주어 그 육신은 멸망케 하여도 그 영은 주 예수의 날에 구원받게 하려 함이라』(고전 5:5).

『또한 그분께서 너희를 끝까지 확고하게 지키시어 우리 주 예수 그리스도의 날에 책망할 것이 없게 하시리라』(고전 1:8).

『너희가 가장 좋은 것들을 분별하며 또 그리스도의 날까지 순수하고 흠 없게 되기를 바라며 예수 그리스도를 통하여 얻는 의의 열매들로

가득 차서 하나님께 영광과 찬양이 되기를 바라노라』(빌 1:10,11).

❸ "어린양의 혼인식"과 "예수 그리스도의 재림"(살후 2:2, cf. 엡 5:25-27, 계 19:7,8). [참고로 아래의 구절에서 "그리스도의 날"은 문맥적으로 "교회의 휴거"(『**그 앞에 우리가 함께 모이는 일**』 - 살후 2:1 b)부터 "예수 그리스도의 재림"(『**우리 주 예수 그리스도의 오심**』 - 살후 2:1 a)까지의 기간을 의미하는데, 『**배교하는 일이 이르지 않고**』(살후 2:3)서는 "교회의 휴거"를 의미하는 『**그리스도의 날**』(살후 2:2)이 오지 않고, 또 『**그 죄의 사람 곧 멸망의 아들이 나타나지 않고서는**』(살후 2:3) "예수 그리스도의 재림"을 의미하는 『**그리스도의 날**』(살후 2:2)이 오지 않는다.]

『영으로나 말로나 또는 우리에게서 받았다고 하는 편지로나 그리스도의 날이 가까웠다고 마음이 쉽게 흔들리거나 두려워해서는 안 될 것이라. 아무도 어떤 모양으로든지 너희를 미혹하지 못하게 하라. 이는 먼저 배교하는 일이 이르지 않고, 또 그 죄의 사람 곧 멸망의 아들이 나타나지 않고서는 그 날이 오지 아니함이라』(살후 2:2,3).

■ 새롭게 깨달았거나 적용할 내용이 있다면 적어 보세요. ■

"주의 날"과 "그리스도의 날"의 관계

구분	주의 날	그리스도의 날
기간	1,000년(~3,800년)	7년
주된 사건	대환란, 재림, 천년왕국, 불에 의한 우주적 심판, 백보좌 심판	휴거, 그리스도의 심판석, 어린양의 혼인식, 재림
주요 대상	구원받지 않은 사람들 (천년왕국은 예외)	교회 시대의 구원받은 그리스도인들
특징	심판과 멸망	기쁨과 영광
장소	지상	셋째 하늘
교회 관점	그리스도인들과 무관 (천년왕국은 예외)	그리스도인의 소망

"주의 날"과 "그리스도의 날"을 비교해 보면, "그리스도의 날"은 그 기간이 "주의 날"의 앞부분과 겹친다. 하지만 두 날은 서로 확연하게 구분되는데, 우선 "그리스도의 날"은 "셋째 하늘"에서 펼쳐지는 반면, "주의 날"은 "지상"에서 펼쳐진다. "그리스도의 날"은 "그리스도인들이 주 예수 그리스도와 함께하는 날"인 반면, "주의 날"은 "구원받지 않은 자들이 적그리스도와 함께하는 날"이고, 그래서 동일한 기간에 지상에서는 그 기간을 가리켜 "대환란" 또는 "적그리스도의 날"이라 부른다. 하지만 구원받은 그리스도인들은 "주의 날"을 기다리되 "그리스도의 날"을 기다리거나 "하나님의 날"(벧후 3:10,12,13), 곧 "현재의 우주가 소멸된 이후에 시작될 새로운 날,"

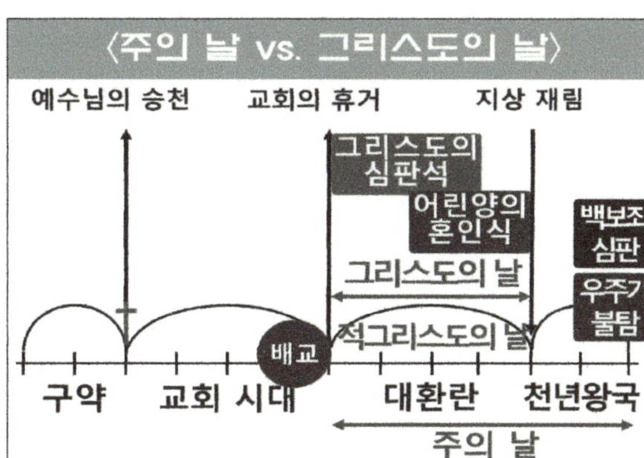

말하자면 "새 하늘들과 새 땅이 펼쳐지는 영원 세계이자 하나님의 역사의 완성의 날"을 기다리게 된다.

그리스도인은 "소망" 안에서 항상 기뻐해야 한다. 어떤 상황에서도 의기소침하지 말고 항상 기뻐해야 한다. **『이제 소망의 하나님께서 너희를 모든 기쁨과 평강으로 믿음 안에서 충만케 하시어 성령의 능력으로 소망이 넘치게 하시기를 원하노라』**(롬 15:13). 특히 우리 **『안에 있는 소망에 관한 이유를 묻는 모든 사람에게 답변할 것을 온유와 두려움으로 항상 예비』**(벧전 3:15)해야 한다. 사도 바울은 폭풍우 속에서도 "소망에 관한 이유"에 대해 답변할 준비가 되어 있었으니, **『여러분이여, 기운을 내라. 나는 하나님을 믿나니 나에게 말씀하신 그대로 되리라.』**(행 27:25)라고 확신 있게 말했다. 성경은 **『우리가 이 소망을 혼의 닻같이 가졌으니 확실하고 견고한 소망이라.』**(히 6:19)고 말씀하는데, 우리는 항상 "확실하고 견고한 혼의 닻"과 같은 이 소망을 견고하게 붙들어야 한다. 그래야만 그 "소망"이 우리의 순례의 길에 있어서 든든한 위로를 줄 수 있다. **『조금 있으면 오실 이가 오시리니 지체하지 아니하시리라』**(히 10:37). **『이런 일들을 증거하신 분이 말씀하시기를 "반드시 내가 속히 오리라." 하시니라. 아멘. 그러하옵니다. 주 예수여, 오시옵소서』**(계 22:20). "휴거"는 성도들이 이 세상에서 받는 모든 고난의 종지부이자, 모든 위로의 절정이다. 주님께서는 소망을 붙잡기 위해 피난처를 찾아 나온 성도들에게 반드시 든든한 위로로 갚아 주신다는 사실을 잊지 말기 바란다.

■ 새롭게 깨달았거나 적용할 내용이 있다면 적어 보세요. ■

NOTES

NOTES

제2과

데살로니가 교회 성도들의 믿음, 사랑, 소망(1장)

『우리 주 예수 그리스도 안에서 너희의 믿음의 행위와 사랑의 수고와 소망의 인내를 하나님, 곧 우리 아버지 앞에서 쉬지 않고 기억함이니』(살전 1:3).

"데살로니가전서"는 어떤 책인가?(1절)

"데살로니가"는 그리스 북동쪽에 위치한 "항구 도시"이고, 항구 앞쪽으로는 지중해와 연결되는 "에게해"가 펼쳐져 있다. 고대에는 종교와 문화의 중심지였고, "유럽 대륙"과 "에게해"를 잇는 교통의 요충지였다. 기원전 315년, 마케도니아 왕 "카산드로스"는 26개 지역의 주민들을 모아 새로운 도시를 만들었는데, 그 도시의 이름을 자신의 아내 이름을 따서 "데살로니가"로 불렀다. 이후 세계를 제패한 로마는 마케도니아를 정복했고, 기원전 164년에는 "데살로니가"를 "마케도니아 지역의 수도"로 정했는데, 당시 이 도시를 경유하는 "거대한 대로"("에그나티아 가도")를 건설하기도 했다. 그만큼 "데살로니가"는 "지리적으로 교통의 요충지"였고, "정치적인 중심지"였으며, 당시의 인구가 12만 정도로 추정될 만큼 큰 도시였다.

바울이 "데살로니가"를 처음 방문한 것은 "제2차 선교 여행" 때였다. 선교 여행 중에 "트로아"에서 "마케도니아인의 환상," 곧 『**마케도니아로 건너와서 우리를 도와 달라.**』(행 16:9)라는 환상을 보았는데, 이에 『**주께서 그들에게 복음을 전하게 하시고자... 부르셨다**』(행 16:10)는 확신이 들어 마케도니아를 방문하게 된다. 그렇게 해서 마케도니아의 첫째가는 성읍인 "빌립보"를 가장 먼저 방문했고(행 16:12-40), 그다음 "데살로니가"를 방문했다(행 17:1-9).

바울은 이곳에서 『**세 안식일에 걸쳐**』(행 17:2), 곧 "약 3주 동안" 복음과 진리를 전파했는데, 유대인들의 방해로 그곳을 떠날 수밖에 없었고(행 17:5-9), 이후 "베뢰아"(행 17:10-15)와 "아테네"(행 17:16-34)를 거쳐 "고린도"(행 18:1-17)

까지 오게 되었으며, 바로 이곳에서 "데살로니가 교회의 성도들"에게 편지를 쓰게 된다(살전 1:1). 말하자면 "데살로니가 성읍"을 떠난 지 얼마 안 된 시점에서 이 서신을 보냈던 것인데(살전 2:17), 복음을 통해 그들을 낳은 "영적인 아버지"로서, 이제 갓 구원받은 "초년병" 같은 "데살로니가 교회의 성도들"이 고난과 박해 속에서 믿음을 잘 지키고 있는지 궁금했을 것이고, 이에 그들을 진리의 말씀으로 굳게 세워 주고 격려와 위로를 주고 싶은 간절한 마음도 들었을 것이다(살전 3:1-10).

이런 점에서 "데살로니가전서"는 "세 가지 목적"으로 기록되었다. **첫째, 새롭게 구원받은 그리스도인들을 진리 안에서 견고하게 세우기 위해 기록했는데**, 갓 태어난 아기들을 젖으로 잘 양육하고 키워야 하듯, 이제 막 구원받은 영적으로 어린 그리스도인들을 "기본적인 진리들"로 양육할 필요가 있었던 것이다. 그래서 바울은 이 책 안에 "기본적인 신앙의 요소들"을 기록해 놓았는데, "선택에 관한 교리"(살전 1:4), "성령님에 대한 교리"(살전 1:5,6; 4:8; 5:19), "확신에 관한 교리"(살전 1:5), "삼위일체에 대한 교리"(살전 1:1,5,6), "회심에 관한 교리"(살전 1:9), "그리스도의 재림에 대한 교리"(살전 1:10; 2:19; 3:13; 4:14-17: 5:23), "행함에 관한 교리"(살전 2:12; 4:1), "거룩하게 됨, 곧 '성화'에 대한 교리"(살전 4:3; 5:23), "주의 날에 관한 교리"(살전 5:1-3), "부활에 대한 교리"(살전 4:14-18), "인간의 삼중성, 곧 '영,' '혼,' '몸' 세 부분으로 구성된 '인간의 본질'에 관한 교리"(살전 5:23) 등이 그것이다. **둘째, 성도들이 계속해서 거룩함을 향해 나아가도록 권면했는데**, 이를 위해 데살로니가전서 3,4장에서 "거룩함과 거룩한 행실"에 대해 강조했다. **『하나님의 뜻은 이것이니, 곧 너희의 거룩함이니라. 너희는 음행을 삼가고』**(살전 4:3). **셋째, 그리스도 안에서 "잠든 자들"에 관해 그들을 위로했는데**, 데살로니가전서 4,5장에서 예수 그리스도께서 공중으로 재림하실 때 구원받은 모든 성도들의 몸이 부활하여 들림을 받는다는 소망을 제시하고 있는 것이다.

"데살로니가 교회"의 모범적인 특징(2-10절)

> 『우리의 기도에 너희를 말하며, 너희 모두에 대하여 항상 하나님께 감사함은 우리 주 예수 그리스도 안에서 너희의 믿음의 행위와 사랑의 수고와 소망의 인내를 하나님, 곧 우리 아버지 앞에서 쉬지 않고 기억함이니』(살전 1:2,3).

"데살로니가 교회"는 "세 가지 모범적인 특징"이 있었다. 첫째, "**믿음의 행위**"가 있었는데, 일반적으로 "믿음의 진실함"은 "행위"를 통해 입증된다. 왜냐하면 『**행함이 없는 믿음은 죽은 것**』(약 2:20)이기 때문이다. 믿음으로 구원받은 그리스도인은 행위를 통해 믿음의 열매를 맺어야 하고, 그 행위는 반드시 믿음을 근거로 나타나야 한다. 둘째, "**사랑의 수고**"가 있었는데, 그들이 하나님을 섬겼던 동기는 "주님을 향한 사랑"이었고, 그들 마음속에 가득한 하나님을 향한 사랑이 섬김과 수고로 입증되었던 것이다. 셋째, "**소망의 인내**"가 있었는데, 이 소망은 "예수 그리스도의 다시 오심"을 기다리는 소망(10절)으로, 그들은 "재림을 향한 간절한 소망" 속에서 모든 박해와 고난을 인내하고 견뎌 냈다.

> 『사랑하는 형제들아, 너희가 하나님을 선택한 것을 아노라. 이는 우리의 복음이 말로만 너희에게 이른 것이 아니라 능력과 성령과 대단한 확신으로 되었음이니 우리가 너희 가운데서 너희를 위하여 어떻게 했다는 것을 너희도 아는 바라』(살전 1:4,5).

한편 데살로니가 교회 성도들은 그들의 "믿음에 따른 의지적인 결정"을 통해 하나님을 선택했고, 또 그들에게 전파된 복음을 믿음으로 받아들여 구원을 받

있다. 『**우리의 복음**』(5절)은 "바울과 실라와 디모데"가 함께 전파했던 복음으로, 바울은 이 복음을 가리켜 『**나의 복음**』(롬 16:25)이라고 했는데, 이는 그 복음이 예수 그리스도로부터 직접 계시를 받은 복음이자, 자기가 직접 전파했던 복음이기 때문이다. 『**하나님의 복음**』(살전 2:2,8,9, 롬 1:1; 15:16, 고후 11:7, 벧전 4:17)으로도 불리는데, 그것이 "하나님께서 위탁하신 복음"이기 때문이고, 또한 『**그리스도의 복음**』(살전 3:2, 롬 1:16; 15:19,29, 고전 9:12,18, 고후 9:13; 10:14, 갈 1:7, 빌 1:27)과 『**아들의 복음**』(롬 1:9)으로도 불리는데, 이는 그 복음이 "하나님의 아들이신 그리스도에 관한 복음"이기 때문이다. 이 "복음의 핵심 내용"은 "성경에 따른 예수 그리스도의 죽음과 장사와 부활"(고전 15:1-4)이며, 이 사실을 믿으면 하나님의 은혜로 구원받게 된다. 그래서 성경은 이 복음을 가리켜 『**하나님의 은혜의 복음**』(행 20:24)이라고 말씀한다.

또한 이 복음이 "데살로니가 교회의 성도들"에게 『**말로만... 이른 것이 아니라 능력과 성령과 대단한 확신으로**』 된 것인데, 실제로 바울은 복음을 증거할 때, 결코 인간의 말과 지혜의 탁월함으로 전파하지 않았다(고전 1:17; 2:1). "실제적인 능력"과 "성령"과 "대단한 확신"으로 전파했고(롬 1:16, 고전 2:4), 이것은 『**성경을 가지고**』(행 17:2) 전파했을 때 나타나는 분명한 현상이다.

『또 너희가 성령의 기쁨으로 많은 환난 가운데서 그 말씀을 받아들여 우리와 주를 따르는 자들이 되었으므로 마케도니아와 아카이아에서 믿는 모든 자들에게 본이 되었느니라. 이는 주의 말씀이 너희로부터 마케도니아와 아카이아에서뿐만 아니라, 하나님을 향하는 너희의 믿음이 퍼져 있는 모든 곳에도 전해졌으므로 우리는 아무것도 말할 필요가 없게 되었음이라』(살전 1:6-8).

"데살로니가 교회의 성도들"은 많은 환난 가운데서도 "성령의 기쁨"으로 말씀을 받아들였는데, 이는 "기쁨"이 "성령의 두 번째 열매"이고(갈 5:22), 예수 그리스도로 인해 받는 박해는 기뻐하고 크게 즐거워할만한 것이기 때문이다(마 5:11,12). 특히 복음이 말로만이 아니라 성령으로 이르렀기 때문에, 그들은 "성령의 기쁨"으로 그 말씀을 받아들일 수 있었다.

더 나아가 그들은 바울과 실라와 디모데 그리고 특히 주님을 따르는 자들이 되었다. "따른다는 것"은 "모방" 또는 "흉내 내는 것"이 아니다. 모방은 "사탄"이 잘한다. 우리 그리스도인들은 "그리스도를 따르는 사람"이 되어야 하지, 그리스도를 모방한다든지, 단순히 누군가를 좋아하고 지지하는 차원이 되어서는 안 된다. "따른다는 것"은 "주님과 관련된 모든 일에 적극적으로 동참하는 것"을 의미한다(빌 1:7). 예수 그리스도를 온전히 따랐던 바울은 데살로니가 교회 성도들의 본이 되었고(6절), 역시 주님을 온전히 따랐던 데살로니가 교회의 성도들은 마케도니아와 아카야 성도들의 본이 되었다(7절). 심지어 이런 모습은 그들의 믿음이 퍼져 있는 모든 지역의 사람들에게까지 전해졌다(8절).

『그들이 우리에 관하여 스스로 말하는 것은, 우리가 어떤 방법으로 너희에게 들어갔으며, 또 너희가 어떻게 우상으로부터 하나님께로 돌아서서 살아 계시며 참되신 하나님을 섬기는지와, 또 하나님께서 죽은 자들로부터 살리신 그분의 아들, 즉 다가올 진노로부터 우리를 구해 내신 예수께서 하늘로부터 오심을 기다린다는 것이니라』(살전 1:9,10).

바울에게는 그가 생활하고 사역하는 "습관적인 방법"이 있었다. 일례로, 안식일에는 유대인의 회당으로 가서 성경을 가지고 그들에게 변론했고(행 17:1,2), 고난과 시련 가운데서 사역했으며, 온갖 마음의 겸손과 밤낮 눈물로 가르치고 훈계했다(행 20:18-21,31). 이에 관한 구체적인 내용은 "고린도후서"에 자세하게 기록되어 있다.

한편 데살로니가 교회 성도들의 "세 가지 모범적인 특징"을 앞선 본문에서 다시 한번 보게 되는데, 우선 "믿음의 행위"는 그들이 "우상으로부터 하나님께로 돌아서는 행위"를 통해 드러났다. "사랑의 수고"는 "살아 계시며 참되신 하나님을 섬기는 것"으로 나타났는데, **『살아 계시며 참되신 하나님』**(9절)은 "예수 그리스도"이시다. 왜냐하면 **『우리는 참되신 그분, 곧 그분의 아들 예수 그리스도 안에 있노라. 이분은 참 하나님이시며 영원한 생명이시니라.』**(요일 5:20)라고 말씀하기 때문이다. 마지막으로 "소망의 인내"는 "예수 그리스도께서 하늘로부터 오심을 기다리는 것"으로 나타났는데, 그리스도인의 복된 소망은 예수 그리스도께서 재림하시고, 그날에 몸의 구속을 받는 것이다. 특히 이 소망이 더욱 복되고 감사한 이유는, 예수 그리스도께서 구원받은 성도들을 "다가올 진노"에서 구해 내셨기 때문이다. **『다가올 진노』**(10절)란, "대환란"이나 "예수 그리스도의 재림에 따른 진노의 심판" 또는 "백보좌 심판"과 그에 따른 "영원한 불못의 형벌"을 말한다. 교회는 이러한 진노에서 구원받은 사람들이다(cf. 롬 5:9). 따라서 대환란을 통과할 이유가 전혀 없는 것이다. 왜냐하면 그 전에 휴거되기 때문이다.

"오늘날 예수 그리스도의 재림에 대한 진정한 열망이 부재한 이유는 현대의 그리스도인들이 이 세상에서 사는 삶이 너무 편안해서 이 세상을 떠나고 싶은 욕구가 거의 없기 때문이다"(A.W. 토저).

■ 새롭게 깨달았거나 적용할 내용이 있다면 적어 보세요. ■

NOTES

제3과

바울의 면류관인 데살로니가 성도들(2장)

『우리의 소망이나, 기쁨이나, 자랑의 면류관이 무엇이냐? 그가 오실 때 우리 **주 예수 그리스도** 앞에 있을 너희가 아니겠느냐? 이는 너희가 우리의 영광과 기쁨이기 때문이라』 (살전 2:19,20).

사도 바울의 사역(1-5절)

1. 사역과 설교에서 바울이 보인 모습

1-5절 말씀에서 바울은 『**너희를 위하여 어떻게 했다는**』(살전 1:5) 것에 대한, 즉 데살로니가 성도들을 향한 사역의 『**방법**』(살전 1:9)이 무엇인지를 구체적으로 설명하고 있다. 먼저 바울은 『**하나님의 복음을 너희에게 전하였노라**』(2절), 『**우리의 권면**』(3절), 『**오직 하나님의 승인을 받아 복음을 위탁받은 대로 전하노니**』(4절), 『**아첨의 말**』(5절)을 사용하지 않았다고 말한다. 주석가들은 바울의 이런 긍적적인 말에만 주목한다. 하지만 바울은 그의 사역이나 설교에 있어서 전적으로 긍정적이지만은 않았다. 때론 부정적이었고 직설적이고 날카로웠으며 사람의 눈치를 보지 않는 담대함이 있었다(2절).

2. 바울의 사역과 설교에서 찾아 볼 수 없는 다섯 가지 것들

<u>구체적으로 바울의 사역, 설교에서는 기만, 부정, 교활, 아첨의 말, 탐심의 구실 등의 다섯 가지 요소를 찾아 볼 수 없다</u>. 우선 바울은 진리를 전할 때 어떤 것에 있어서도 회중을 속이지 않았다. 즉 바울은 『**기만**』하지 않았다(3절). 『**기만**』이라는 단어는 방법상 진실이나 거짓을 말할 수는 있지만, 그 이면에 있는 동기가 누군가를 속이려 함을 의미한다. 또한 그는 속된 농담으로 여자들에게 선망의 대상이 되려고 하지 않았다. 만약 현대 설교자들의 설교에서 여자들에게 호감을 사려고 하는 의도에서 첨가한 부분을 설교에서 제거한다면, 내용이 없이 앙상한 설교 개요만 남을 것이다. 이것이 3절의 『**부정**』이라는 말씀이 의미하는 바다.

3절에서는 또한 교활로 말미암지 않았다고 말씀한다. 그런데, 이 말씀과는 다르게 바울은 『**교활한 자가 되어 너희를 간계로 붙들었다**』(고후 12:16)라고 말한다. 반대로 다른 한편에서는 『**교활한 술책**』을 쓰는 자들에 향해 경고하는 모습을 볼 수 있다(엡 4:14). 교활에 관한 서로 다른 말을 함으로써 모순된 것처럼 보인다. 하지만 고린도후서 12:26에서 바울 스스로가 교활한 자가 되었다고 하는 말은 비아냥거리며 비꼬듯 말하는 것이다. 거기서 바울이 실제로 말하고자 하는 것은 고린도 교회 성도들이 바울에게 빚을 졌다는 것이다(고후 12:11,13; 11:5-8,10,16). 이는 그가 그들 가운데서 사역하면서도 그들에게 재정적인 지원을 전혀 받지 않았기 때문이다(고후 11:7,8). 바울은 이것을 자신의 "교활"이요 "간계"라고 말하고 있는 것이다. 즉 그의 설교의 내용이나 그가 설교를 하는 동기와는 아무런 관련이 없다.

<u>**바울의 사역, 설교에서는 아첨의 말 또한 찾아 볼 수 없다**</u>. 아첨의 말의 가장 좋은 예는 바로 진화론이다. 진화론에 세뇌된 이들은 모두 "인간은 만물의 척도다."라고 생각한다. 이것이야말로 인간이 스스로를 추켜세우는 최고의 아첨의 말이다. 모든 인본주의자들은 실제로 무신론자들이다. 그들은 과학적인 학문 탐구를 통하여 그들 자신이 "신들"이라고 스스로를 세뇌시켜 버렸다(창 3장). 사실 창세기 3:5의 말보다 더 듣기 좋은 아첨의 말은 없다.

<u>**바울에게서는 또한 『탐심의 구실』이 없었다**</u>. 그는 결코 돈을 탐하지 않았다. 그는 사람의 혼에 관심이 있었다. 사람들이 뭔가를 외투 안에 넣고 숨기려 하듯이, 탐심을 품고 있으면서도 사람들이 자신의 동기를 눈치채지 못하도록 그렇지 않은 것처럼 가장하는 그런 설교자가 아니었다. 5절은 설교자가 사람들에게서 어떤 특정한 것을 얻어 내려고 탐심을 품고 그렇지 않은 척하면서 설교할 수 있다고 말한다. 성경은 이런 행위를 『**탐심의 구실**』로 설교한 것이라 규정한다. 이는 비단 돈만을 가리키는 것이 아니다. 『**너는 탐내지 말지니라**』라는 말씀에 위배되는 모든 것을 가리킨다(롬 7:7, 출 20:17).

사역자의 본이 되는 바울의 모습(6-11절)

1. 바울이 보인 본

데살로니가로 들어갔던 바울 일행은 그리스도의 사도들로서 당대 최고의 영적 지도자들이었다. 그들은 피 흘리며 영적 전쟁을 수행한, 그리스도의 훌륭한 군사임을 증명한 사람들이었다(행 15:25,26, 딤후 2:3). 혹 "사도들의 왕자"라는 것이 있다면, 베드로보다는 오히려 바울이 이 타이틀에 더 합당할 것이다(고후 11:5). 왜냐하면 바울에게는 열두 사도에게 주어진 표적으로서의 은사들이 있었고(막 16:17,18, 고전 12:9,10, 고후 12:12), 그는 죽은 자를 일으키는 기적을 행하기도 했다(마 10:8, 행 20:9,10). 그러나 바울은 이러한 지위를 이용하여 성도들에게 짐을 지우지 않았다(6절). 이뿐만이 아니라 바울은 으뜸이 되기를 좋아한 디오트레페나 바리새인들과는 달리 사람들로부터 영광을 구하지도 않았다(요삼 1:9, 요 12:42,43).

2. 영적인 아버지와도 같은 사도 바울

바울은 『**오히려 너희 가운데서 마치 유모가 자기의 친자녀들을 소중히 여김과 같이 온화**』(7절)했다. 갓난아기는 유모의 보살핌이 필요하다(벧전 2:2). 데살로니가인들은 바울에게 영적인 자녀들이었고, 바울은 그들을 아버지처럼 돌보았다(11절). 그래서 비록 바울은 육신에 속한 자식은 없었으나, 수백 명의 영적인 자녀들을 거느리고 있었다(고전 4:15). 이처럼 영적인 "아버지"는 우리 각자를 예수 그리스도를 알고 구원받도록 이끈 사람을 말한다.

반면 검은 옷을 입은 바알 숭배자 사제, 즉 아기들에게 물이나 뿌리는 로마

카톨릭의 종교 사기꾼들도 자신들이 마치 아버지인양 행세한다. 그리고는 신자들로 사제(Priest)인 자신들을 신부(Father, 神父)라고 부르게 한다. 하지만 이 호칭은 구약적인 표현이며(판 17:10-13, 왕하 2:12), 예수 그리스도께서는 신약에서 이런 표현을 쓰는 것을 금하셨다. 『**또 땅에 있는 사람을 너희 아버지라 부르지 말라. 이는 너희 아버지는 한 분, 곧 하늘에 계신 분이시기 때문이라.**』(마 23:9).

3. 그리스도인이라면 합당하게 행하라

12절에 묘사된 "**합당한 행함**"은 골로새서와 에베소서에서 잘 설명되어 있다(엡 4:17,22,25-32; 5:3-22; 6:1-18, 골 2:16,17; 3:1-24). 구원받은 데살로니가인들이 그리스도인으로서 합당한 행함이 어떠해야 하는지 설명하고 있다. 그래서 본 서신에서 바울은 신약 그리스도인의 실행에 대해 가르치고 있다(살전 4:1-12, 5:6-23).

하나님 말씀에 관한 위대한 진리(13절)

13절 말씀은 신약에서 가장 위대한 구절들 중의 하나이며, 이 구절은 학자들이 알고 있는 것보다 훨씬 더 많은 의미가 있다. **이 구절은 바울이 데살로니가인들에게 전파한 "말씀들"을 다루고 있다. 그리고 이 말씀은 성육신하신 "말씀"(the Word)이 아니라 우리가 전파하는 "말씀"(the words)이다.** 현대의 근본주의 배교자들은 "word"를 소문자로 표기하지 않고 대문자로 표시한다. 그들은 성경에 관한한 신정통주의자들이다. 그들은 "우리는 보존된 하나님의 말씀을 믿습니다"라고 말하지만, 그들이 의미하는 것은 "우리는 하나님께서 그분의 말씀들을 책으로 보존해 놓으셨음을 믿습니다."가 아니다. 배교한 근본주의 자들은 성경에서 『**말씀**』(the Word)은 예수 그리스도를 가리키는 것이며, 『**말씀**』(the word)은 요한복음 6:63,68; 8:47, 시 12:6,7, 욥 23:12 등에서처럼 예수 그리스도와 다른 것이라고 믿는다. 『**말씀**』은 말한 것이거나(벧후 1:21) 쓰여진 것(렘 36장) 둘 중 하나 혹은 둘 다를 언급하는 것이다. 일단 『**말씀들**』이 기록되면 『**성경**』(the holy scriptures)(롬 1:2, 딤후 3:15) 혹은 『**진리의 성경**』(the scripture of truth)(단 10:21)이라 일컫는다.

13절 말씀에 따르면 『**하나님의 말씀**』은 『**사람의 말**』이 아니다. 만약 하나님의 말씀을 사람의 말처럼 받아들였다면, 곧 하나님의 거룩한 사람이 성령의 감동을 받아서(벧후 1:21) 전파한 말씀들을 사람의 말로 받아들인다면, 그 말씀은 효력을 상실하게 된다(마 15:3,6). **하나님의 말씀은 있는 그대로 그것을 하나님의 말씀으로 받아들이고 믿는 그리스도인 안에서만 효과적으로 역사한다는 사실을 명심해야 한다**. 그렇기에 하나님의 말씀을 있는 그대로 하나님의 말씀으로 받아들이지 않는 배교자들은 성경대로 믿는 사람들이 내는 것과 같은 구령의 열매를 내지 못할 뿐더러 섬김에 있어서도 신실함을 발휘하지 못한다. 『**하나님께로부터 나온 사람은 하나님의 말씀들을 듣느니라. 너희는 하나님의 말씀들을 듣지 아니하나니, 이는 너희가 하나님으로부터 나오지 않음이라." 고 하시니라**』(요 8:47).

〈NIV〉는 다른 변개된 성경들처럼 13절을 기록된 성경과 연관이 없는 것처럼 만들어 놓았다. 왜냐하면 이 구절이 기록된 말씀인 성경을 믿지 않는 변개된 성경의 번역자들을 대상으로 기록된 구절이기 때문이다(롬 1:18,21,28). 오늘날의 모든 배교자들은 구원받았든 받지 않았든 상관없이 거룩한 성경을 변개시키느라 정신이 없기 때문에(고후 2:17), 바울의 회심자들 안에서 역사했던 것처럼 하나님의 말씀이 그들안에서 결코 『**효과적으로**』 역사할 수 없다(막 7:13). 그래서 변개된 성경들에서는 이 단어를 변개시킨 것이다.

성도들이 받은 박해와 사탄의 방해(14-18절)

1. 그리스도 안에 있는 교회들

14절에서 변개된 현대 영어 성경들은 그들이 바울과 실라와 디모데를 "모방"했을 뿐만 아니라 『**하나님의 교회들**』을 "모방"했다고 한다. **"그리스도 안에" 있는 교회들이라는 표현은 그리스도 밖에 있는 교회들도 있다는 점에서 중요하다.** 만약 누군가가 헬라어를 운운하며 이 구절들이 말하는 바를 오도하려 한다면, 둘다 "에클레시아"(ecclesia)라는 동일한 헬라어 단어를 사용하지만 첫 번째 참조 구절은 참으로 "불러냄을 받은 무리"를 말하고(롬 16:16), 그 다음 구절은 또 다른 "불러냄을 받은 무리"를 의미한다는 점을 주목해야 할 것이다(행 19:37). 교리적으로 참된 지역 교회는 하나님께 속하며, 거듭난 사람들로 이루어져 있다. 그 교회의 회원들이 곧 그리스도의 몸의 지체들인 것이다(고전 12:13-23). 하지만 뉴스 미디어가 1800년대부터 지금까지 줄곧 언급해 온 "교회"는 단 한 번도 신약성경에 명시된 교회를 말한 것이 아니다.

2. 데살로니가 성도들의 박해와 이스라엘의 회복

15,16절은 유대인들이 데살로니가의 성도들을 혹독하게 박해하고 있었을 때를 말한다(행 16장; 17:5-10,13). **특히 그들에게 임한 진노가 극에 달했다는 16절 후반부 말씀을 보고 혹자는 하나님께서 이스라엘을 버리셨다고 주장한다. 하지만 이는 틀린 주장이다.** 그 표현은 결코 "영원히" 혹은 "최종적으로" 결별하셨다는 의미가 아니기 때문이다. 또한 주 예수 그리스도께서는 단 한 번도 구원이 소위 "참 이스라엘"이나 "하나님의 이스라엘"이나 "영적인 유대인"에게

서 나올 것이라고 말씀하시지 않았다(롬 2:28,29). 대신 『**구원이 유대인에게서 나오기 때문이라**』라고 말씀하셨다(요 4:22). 이때 『**유대인**』은 문자적인 유대인이다. 16절이 의미하는 것은 유대인들은 진리를 보지 못했기에(롬 11:8-10) 하나님께서는 유대인들을 일시적으로 옆으로 제쳐놓으셨다는 것이다(롬 11:11-13). 현재 그리스도를 믿지 않는 이방인 각자가 지옥에 가듯이, 구원받지 못한 유대인들도 각각 지옥으로 던져질 것이다. 지금 흩어진 이스라엘은 하나님을 기쁘시게 해 드리지 못하고 고난받고 있다. 그들은 이방인들을 기쁘게 하지도 못한다(16절). 하나님의 진노가 그들 위에 민족적으로 머물러 있는 것은 대환란까지 지속된다. 하지만 궁극적으로 이스라엘은 회복될 것이다.

3. 데살로니가 성도들을 향한 사도 바울의 마음

17절에서처럼 『**마음**』과 『**영**』으로는 어느 곳에나 있을 수 있다(고전 5:3). 그러나 데살로니가전서 5:23에서처럼 교리적인 진술은 아니다. 고린도전서 5:3에서 보듯이, 『**영**』은 한 사람이 그것을 접하게 될 때 그것이 만들어 내는 전체적인 인상을 말한다. "내 마음이 너와 함께 있다"고 말해도, 실제 심장이 바울의 가슴에서 뛰쳐나와 데살로니가인들에게 이동했다는 의미가 아니다. 로마서 10:9,10에서 『**마음**』(heart) 또한 물리적인 기관인 심장(heart)을 언급하는 것이 아닌 것처럼 이 말씀에서는 데살로니가인들에 대한 그의 사랑과 애정이 멀리 떨어져 있는 그와 그들을 하나로 만들었다는 것이다.

4. 사탄의 방해

18절에서 사탄이 우리를 방해했다고 말한다. 신약성경의 모든 기록자들은 사탄이 인격체로 살아 있고 지성이 있으며 활동적이고 영적인 존재라고 말한다. 『**사탄**』 혹은 『**루시퍼**』로 불리는 이 자가 현재 이 땅을 통치하고 있다(고후 4:4, 눅 4:6). 성경은 사탄을 『**대적**』이라 부른다. 사탄이 하나님의 『**대적**』인 이유는 그가 하나님을 시기하고 그분을 자신의 "경쟁자"로 여기기 때문이다(사 14:13-15). 그는 또한 진리의 『**대적**』이다. 왜냐하면 그는 『**거짓말의 아비**』이기 때문이다(요 8:40-44). 사탄은 이스라엘의 대적이다. 그를 패배시킨 장본인이 유대 땅에서 태어난 유대인인 주 예수 그리스도이기 때문에 사탄은 특히 유대인들을 증오한다(골 2:14,15). 그는 또한 복음의 대적이다. 왜냐하면 본문이 말하는 것처럼 복음을 방해하기 때문이다. 사도행전 5:3,9에 따르면 그는 또한 성령의 대적이다. 그리고 사탄은 성도들의 대적이다(욥 1,2장, 대하 21:1). 왜냐하면 성도들은 하나님의 백성이기 때문이다. 그가 주로 하는 일은 사람들을 해치고(욥 2장), 사람들로 죄짓게 하고(히 2장), 사람들을 거짓되이 비방하는 것이다(계 12장, 욥 1,2장). 그는 항상 하나님의 허락하신 뜻 아래서 활동한다(마 28:18, 롬 13:1-4). 성경은 그를 33세 반의 사악한 남성으로 자세하게 묘사하고 있다(겔 28장, 사 14:16, 고후 11:14). 또한 크고 붉은 용(계 12장)과 일곱개의 머리를 가진 바다 괴물(욥 41장, 시 74:14)과 뱀(사 27:1,2, 계 12:3,9)과 『**빛의 천사**』(고후 11:14)로 묘사하며, 도덕성이나 하나님을 두려워함을 찾아 볼 수 없는 『**울부짖는 사자**』(벧전 5장)에 비유한다.

너희가 우리의 영광과 기쁨이라(19,20절)

19절에서 바울은 『**우리의 소망이나, 기쁨이나, 자랑의 면류관이 무엇이냐?**』라고 반문한다. 주님께서는 고린도전서 3장의 『**불**』을 통과하고 남은 일들에 대해서 이 면류관들을 주실 것이다. 다른 네 개의 면류관들은 『**생명의 면류관**』(약 1:12), 『**영광의 면류관**』(벧전 5:4), 『**썩지 않을 면류관**』(고전 9:25), 『**의의**

면류관』(딤후 4:8)이다.

본문의 면류관은 그리스도인이 죄인들을 그리스도께로 이겨와 회심케 한 것을 나타낸다. 회심자들은 구령자의 『**기쁨**』이요 『**자랑**』이다. 회심자들은 면류관에서 보석들로 나타난다(말 3:17, 잠 31:10). 구령자가 건져 올리는 물고기는 그의 『**소망**』이다. 왜냐하면 그들은 절대적으로 그리스도께 대환란 전 휴거와 부활로 다시 오심에 연관되어 있기 때문이다. 그렇기에 성도가 구령한 사람들은 우리의 영광과 기쁨이 된다(20절). 『**혼들을 이겨오는 자는 현명**』하기 때문에(잠 11:30), 그들은 『**별들처럼 영원 무궁토록 빛**』날 것이다(단 12:3). 구령자는 사도 바울을 본받음으로써 자신이 이겨온 회심자들로부터 영원히 감사를 받게 될 것이다(고전 9:22).

■ 새롭게 깨달았거나 적용할 내용이 있다면 적어 보세요. ■

NOTES

NOTES

제4과

주 안에서 굳게 서 있으라(3장)

『너희가 주 안에 굳게 서면 이제 우리가 살리라』(살전 3:8).

적의 공격을 의식한 바울의 대응

1. 디모데 파송

『그러므로 우리가 더 이상 참을 수 없어서 우리들만 아테네에 머무는 것을 좋게 여겨 우리의 형제이며 하나님의 일꾼이요 그리스도의 복음 안에서 우리의 동역자인 디모데를 보내었노니 이는 너희를 굳게 세우고 너희의 믿음에 대하여 격려함으로 아무도 이러한 고난들로 인하여 요동치 않게 하려 함이니 이를 위하여 우리가 세움을 받은 줄을 너희가 아느니라』(살전 3:1-3).

바울이 데살로니가에서 하나님의 은혜의 복음을 전했을 때, 복음을 받아들이지 않은 유대인들의 마음속에는 시기심이 끓어올랐다. 그들은 불량배들까지 동원하여 바울 일행을 박해하려 했고, 바울과 실라는 밤을 틈타 베뢰아로 피신할 수밖에 없었다(행 17:5-10). 데살로니가의 유대인들은 심지어 베뢰아까지 따라와서 바울을 박해할 정도로 약이 바짝 올라 있었다(행 17:13). 사려 깊은 사역자였던 바울은 그 유대인들이 데살로니가 성도들을 박해할 것을 미리 내다보고 있었다. 이에 따라 바울은 베뢰아를 떠나 아테네로 갔을 때 데살로니가에 있는 성도들의 믿음을 북돋워주기 위해 디모데를 다시 보내기로 결정했다.

디모데는 바울이 보유한 "게임 체인저"였다. 바울은 디모데라면 혹 요동하고 있을지 모를 그곳의 판도를 바꿀 수 있으리라고 생각했음에 틀림없다. 고작 한 사람을 보내면서 이렇게 생각할 수 있었다는 것은 디모데에게 그만한 능력이 있었기 때문일 것이다(cf. 고전 4:17-21). 성숙한 성도는 그 존재만으로도 여러 사람들의 믿음을 바로잡고 지역 교회 내의 문제들을 바로잡는 사람이다. 설령 영적 전쟁으로 인해 지역 교회가 쑥대밭이 되어 있을 때에도, 성경적인 원칙과 중심을 지키면서 쓰러져 있거나 휩쓸려가는 성도들을 하나씩 일으켜 세워줄 수 있는 사람이다. 이런 점을 전혀 알지 못하는 사람들 중에는 자신과 "급이 맞는다는 생각이 드는", 영적인 사람들과만 교제하려고 드는 자들도 있다. 그러나 이는 오히려 그들이 육신적이고 영적으로 아기에 불과하다는 사실을 드러낼 뿐이다. 그들이 만일 정말로 성숙한 성도였다면 바울이 디모데에게 주었던 것과 같은 신임을 주님께로부터 받고 있을 터이다. 그렇다면 그런 일을 수행하라는 명령을 받아 움직이고 있었어야 정상이다. 따라서 단 한 사람도 세워주지 못하고 있으면서 스스로를 영적이라고 생각한다면 착각도 유분수인 것이다. 그리스도의 심판석에서 다음과 같은 질문을 받는다면 자신이 있을지, 우리는 스스로에게 자문해보아야 한다. 『"**네가 힘없는 자를 어떻게 도왔느냐? 네가 기력 없는 팔을 어떻게 구원하였느냐?**』(욥 26:2)

2. 시험하는 자에 대한 경계

『또한 우리가 너희와 함께 있을 때에 우리가 환난을 당하리라고 너희에게 미리 말하였더니 과연 그렇게 된 것을 너희가 아느니라. 이로 인하여 내가 더 이상 참을 수 없어서 너희의 믿음을 알아보려고 보냈으니 이는 시험하는 자가 너희를 시험하여 우리의 수고를 헛되게 하지 못하게 하려는 것이니라』(살전 3:4-5).

신구약 모두에서 사탄은 가장 먼저 『**시험하는 자**』로서 등장한다. 그는 첫 사람 아담과 마지막 아담(고전 15:45) 모두에게 시험을 가지고 나타났다. 물론 창세기 3장에서 사탄을 직접 맞닥뜨렸던 것은 "미세스 아담"인 이브였지만 말이다. 두 장면 모두에서 사탄은 세 가지 도구를 사용했는데, 『**육신의 정욕과**

안목의 정욕과 생의 자랑』(요일 2:16)이었다. 그 시험하는 자는 아마도 이런 식으로 데살로니가 성도들에게 세 가지 도구를 사용했을 것이다. "하나님이 밥 먹여주냐? 사람들과의 관계를 망쳐서 사업에 비전이 없어진데다 조롱까지 당하는 인생이 되어버렸군. 함께 좋은 시간 보냈던 신전 창녀들은 또 어떻고? 이봐, 구원도 이미 받은 마당에 이렇게 살 필요 있어? 까짓것, 세상으로 돌아가라고." 이러한 시험을 이겨 내기 위해 필요한 것은 무엇보다도 하나님의 말씀이다. 이브는 하나님의 말씀을 온전히 간직하지 못함으로써 시험에 패배하고 말았지만, 주 예수 그리스도께서는 기록된 말씀을 사용하셔서 사탄을 녹아웃시키셨다(마 4:4,7,10,11). 데살로니가 성도들이 시험에서 승리할 수 있었던 까닭 또한 여기에 있었다(살전 2:13).

데살로니가 성도들이 시험에 "미리 대비할 수 있었다"는 점 또한 승리의 바탕이 되었다. 그들에게 하나님의 말씀을 전해주던 바울은 이 시험하는 자의 공격을 "예언"했다(4절). 예언은 미리 그 말씀을 듣지 못했더라면 불가항력으로 패배했을 법한, 매우 강력한 시험을 맞이했을 때에도 견뎌 낼 수 있게 하는 힘을 공급하는 속성이 있다(막 13:23, 히 11:13). 바울의 예언을 통해 데살로니가 성도들은 바울 일행에게 고난이 닥칠 것을 미리 알았고, 과연 그렇게 된 것을 보았으며, 자신들도 곧 동일한 처지에 놓이리라는(살전 2:14) 것을 내다볼 수 있었다. 이를 통해 데살로니가 성도들은 미리 임전태세를 갖추고 바울이 전해준 하나님의 말씀을 몇 번이고 곱씹을 수 있었을 테고, 이는 곧 승리로 직결되었다. 마지막 날들을 살아가는 우리에게도 한 예언이 주어져있다(딤후 3:1-13). 공교롭게도 이주 어려운 때를 살게 될 것이라는 예언 뒤에는 이런 명령이 주어지고 있다. 『**그러나 너는 네가 배운 것과 확신한 것에 꾸준히 거하라. 네가 누구에게서 배웠는가를 알며 또 어릴 때부터 네가 성경을 알았으니, 그 성경은 너로 그리스도 예수 안에 있는 믿음으로 인하여 구원에 이르도록 지혜롭게 할 수 있느니라**』(딤후 3:14,15). 마지막 때의 시류를 거슬러 시험하는 자의 시험에 승리하고자 하는가? 그렇다면 하나님의 말씀으로 무장해야 한다.

사역자가 받은 위로

1. 데살로니가 성도들의 선전

『그러나 이제 디모데가 너희에게서 우리에게로 와서 너희 믿음과 사랑의 기쁜 소식을 우리에게 전해 주었고, 또 우리가 너희를 보고 싶어함같이 너희도 우리를 몹시 보고 싶어하며 항상 우리를 잘 기억한다고 하니 형제들아, 이로 인하여 우리가 우리의 모든 환난과 궁핍 가운데서도 너희의 믿음으로 말미암아 위로를 받았노라. 너희가 주 안에 굳게 서면 이제 우리가 살리라. 우리가 우리의 하나님 앞에서 너희로 인하여 모든 기쁨으로 기뻐하노니, 너희로 인하여 어떤 감사를 하나님께 돌려 드릴 수 있으리요?』(살전 3:6-9)

디모데는 데살로니가 성도들로부터 일종의 "승전보"를 가져왔고, 이는 바울 일행에게 큰 위로가 되었다. 특별히 바울은 이 부분에서 "우리를 보고 싶어함"에 대해 언급하는데, 이는 혹 자신에 대한 애정을 잃지는 않았을까 염려했기 때문이다. 바울의 적들은 이미 소아시아 전역에서 활동하고 있었고, 이제 유럽에서도 생겨나고 있었다. 따라서 주님을 따르는 것과는 별개로 "바울과 연관된 사람들로 인식되는 일" 자체가 당대의 사람들에게는 큰 부담일 수 있었던 것이다. 따라서 데살로니가 사람들이 그들에게 하나님의 말씀을 들려준 바울에 대한 존경과 애정, 그리고 그를 따르는 태도를 잃지 않았다는 점은 큰 감동을 받을 만한 대목이었다. 살전 5:13에서도 말씀하시거니와, 이는 우리 모든 그리스도인들에게 명령으로 주어진 것이기도 하다. 『**하나님의 말씀을 너희에게 들려주고 너희를 다스리던 자들을 기억하고 그들의 행실의 결과를 관찰하여 그들의 믿음을 따르라**』(히 13:7).

그리스도인으로 살아가다 보면 때로는 환난과 궁핍이 임하고, 어떤 때에는 삶의 절망에까지 이른다. 데살로니가전서를 기록할 때의 바울의 상황 또한 녹록치 않았다. 그러나 그럴 때에 오는 위로는 내가 세워주려고 했던 그 지체들이 당차게 서 있는 모습이다. 다른 형제들을 향한 사랑은 우리를 실족하지 않게 하는 힘이 된다. 『**자기 형제를 사랑하는 자는 빛 가운데 거하며 자기 안에 실족할 계기가 없으나**』(요일 2:10). 어떤 사람들은 "내가 먼저 서야 다른 사람을 세워줄 수 있다."라는 말을 하곤 한다. 얼핏 생각하면 맞는 말이지만, 실상은 그리스도의 몸된 교회에서 이루어지는 유기적 연합이 무엇인지 이해하지 못한 데에서 나온 오류이다. 혼자서 서기에는 너무나도 연약한 성도라고 해도, 다른 사람들을 세워주는 데에 얼마든지 일조할 수 있다. 바울은 데살로니가 성도들이 굳게 선 모습을 보면 자신이 "생명력"을 얻을 수 있다고 했다(8절). 유기체는 조직체와 달라서 서로 맞물려서 세워지기 때문이다. 두께가 얇은 가로수가 쓰러지지 않도록 기대어 세워 놓는 버팀목을 떠올려 보라. 얇은 각목으로 된 그 버팀목 몇 개는 홀로 세워 두면 산들바람만 불어도 넘어질 물건이다. 그러나 가로수를 버티도록 기대 놓으면 태풍이 와도 견디는 힘을 발휘하지 않던가?

바울은 데살로니가의 성도들이 굳게 서기(stand fast)를 원했다. 배교한 근본주의자들은 헬라어를(στήκω) 운운하면서 이 단어가 "입장을 취하다(take a stand)"라는 의미라고 주장하기도 하지만, 바울은 겨우 그 정도를 원한 것이 아니었다. 바울은 데살로니가 성도들이 단순히 특정한 입장을 취한다면 나머지 부분에서는 이리저리 세상 풍파에 휘둘려도 된다고 생각한 것이 아니다. 오히려 굳게 서서 그들에게 전해 준 모든 것들을 지키고 단 한 발자국도 움직이지 않기를 원한 것이다. 그리스도인이 한 발자국도 움직이지 않고 서 있으려면 아무것도 하지 않고 어떤 입장을 취하기만 하면 되는 것이 아니라, 빗발치는 공격에 능동적으로 저항해야 한다(엡 6:13).

2. 사역자의 마음

『우리가 밤낮으로 열심히 기도함은 너희의 얼굴을 보고 너희의 믿음에서 부족한 것을 온전케 하려는 것이라. 이제 하나님이신 우리 아버지와 우리 주 예수 그리스도께서 우리의 길을 너희에게로 인도하시기를 바라노라. 또 주께서 우리가 너희를 사랑함과 같이 너희도 서로와 모든 사람에게 대한 사랑이 더욱 많아지고 넘치게 하여 주시며 우리 주 예수 그리스도께서 그의 모든 성도들과 함께 오실 때에 하나님, 곧 우리 아버지 앞에서 거룩함에 흠 없도록 너희 마음을 견고케 하시기를 바라노라』(살전 3:10-13).

바울은 항상 다른 사람의 짐을 질 줄 알았다(갈 6:2). 당장 눈앞에 펼쳐진 사역과 박해로 인해 정신도 없고 일손도 부족하다고 할지라도, 자기 일만 돌아보지 않았다. 그는 그런 와중에도 다른 성도들을 위해 기도했으며 그들을 위해 일꾼을 보냈다. 자기 사정은 뒷전에 두고 다른 사람들에게 무엇이 필요할까를 고민하는 이러한 바울과 같은 사람에게는 하나님께서 더 많은 능력을 부어주신다. 언제나 주는 것이 받는 것보다 복이 있다(행 20:35, cf. 잠 19:17, 눅 6:38).

우리가 주는 것은 사랑의 "정의"이기도 하다. 12절을 통해 읽어볼 수 있거니와, 바울은 그러한 점에 있어서도 나를 따르라고(고전 4:16; 11:1, 빌 3:17) 말할 수 있는 사도였다. 주님께서도 마지막 유월절 만찬을 마치시고 나서 제자들에게 이렇게 말씀하셨다. 『**내가 새 계명을 너희에게 주노니 이는 너희가 서로**

사랑하라는 것이라. 내가 너희를 사랑한 것같이 너희도 서로 사랑하라』(요 13:34). 주님께서는 다른 형제들을 그분과 같은 사랑으로 사랑하라고 명령하셨다. 주님께서 우리를 구원하시기 위해 이 땅에 육신을 입고 오셔서 십자가의 질고를 지셨을 때 가지셨던 것과 같은 사랑을, 우리도 다른 형제들을 향해서 가지고 있어야 하는 것이다(cf. 요 15:12-14). 그리고 주님께서는 이렇게 덧붙이셨다. 『**너희가 서로 사랑하면 이것으로 모든 사람이 너희가 나의 제자인 줄 알리라."고 하시더라**』(요 13:35). 주님께서 명령하신 이 사랑을 가진 그리스도인들은 당연히 독특할 수밖에 없다. 이를테면 다른 사람들이 이렇게 생각할 정도여야 한다. "아, 저 정도로 서로 사랑하는 사람들이라면 틀림없이 예수님에게 배운 사람들이겠구만." 과연 우리는 그러한 사랑을 나타내고 있었는가?

데살로니가전서 3장을 끝마치며 바울은 사랑하는 성도들이 장차 어떤 모습으로 나타날지를 묘사하고 있다. 13절에서 바울이 그리고 있는 장면은 주 예수 그리스도의 지상 재림의 상황이다. 왜냐하면 "모든" 성도들과 "함께" 오시는 때는 휴거가 아니라 지상 재림 때이기 때문이다(cf. 살후 1:6-10). 본문이 말씀하시는 것처럼 『**거룩함에 흠 없도록**』 되려면 우리는 반드시 한 가지 정련의 과정을 거쳐야 한다. "불을 통과해야"하는 것이다(고전 3:13-15). 그리스도의 심판석을 통과하고 나서, 비로소 우리는 거룩함에 흠 없게 될 것이다.

■ 새롭게 깨달았거나 적용할 내용이 있다면 적어 보세요. ■

NOTES

NOTES

제5과

주 예수 그리스도의 공중 재림과 환란 전 휴거(4장)

『주께서 호령과 천사장의 음성과 하나님의 나팔 소리와 함께 하늘로부터 친히 내려오시리니 그러면 그리스도 안에서 죽은 자들이 먼저 일어나고 그리고 나서 살아남아 있는 우리도 공중에서 주와 만나기 위하여 그들과 함께 구름 속으로 끌려 올라가리니, 그리하여 우리가 영원히 주와 함께 있으리라』(살전 4:16,17).

휴거를 준비하는 그리스도인의 삶

예수 그리스도는 환란 전에 그리스도인들을 데려가시기 위해 공중 재림하시고 환란 후에 이 땅을 심판하시고 통치하시기 위해 지상 재림하신다. 그러므로 휴거 이전의 삶은 짧은 준비 기간이라 할 수 있다. 그리스도인은 통치할 것이고, 또 영원히 살 것이기 때문이다. 휴거 이후 하늘에서는 "그리스도의 심판석"과 "어린양의 혼인식"이 있을 것이고, 땅에서는 "대환란"이 있을 것이다. "어린양의 혼인식"이 끝나면, 우리 주 예수 그리스도께서 재림하시어 이 땅을 심판하고 통치하실 것이며, 그리스도인들도 예수 그리스도와 함께 내려와 공동 상속자로서 이 땅을 통치할 것이다.

이런 명백한 성경의 진리를 정확히 아는 그리스도인과 잘 모르는 그리스도인 혹은 이런 명백한 성경의 진리를 확고히 믿는 그리스도인과 믿지 않는 그리스도인, 그리고 성경을 잘못 해석함으로써 휴거의 대상과 시기를 오해하는 그리스도인이 이 세상을 사는 방식에는 분명히 차이가 날 수밖에 없다.

성경의 진리들을 아는 그리스도인이라 할지라도 "재림의 임박성"을 유념하지 않는 그리스도인이라면, 그는 그리스도인으로서 마땅히 따라야 할 올바른 삶을 놓치고 있을 수 있음을 기억해야 할 것이다. 휴거와 그리스도의 심판석은 모든 그리스도인이 매일의 삶에서 늘 기억하고 있어야 할 그리스도인의 미래이다.

더욱더 넘치게 하라

『그러므로 형제들아, 끝으로 우리가 주 예수 안에서 간구하고 권고하노니 너희가 어떻게 행해야 하고 어떻게 하나님을 기쁘시게 해야 하는가를 우리들에게서 받은 바와 같이 더욱더 넘치게 하라. 이는 우리가 주 예수를 통하여 너희에게 준 명령들이 무엇인지 너희가 앎이니라』(1,2절).

사도 바울은 앞 장 마지막 부분에서 데살로니가 교회의 성도들에게 "**사랑**," "**거룩함**," "**견고함**"을 바란다고 기록했다(3:12,13). 4장에서는 이러한 바람의 연장선상에서 좀 더 구체적으로 자신의 권고와 명령을 기록하고 있는데, 3-8절은 "**거룩함**"을, 9,10절에서는 "**형제 사랑**"을, 13-18절은 "**견고함**"을 기록하고 있는 것이다.

그런데 사도 바울은 그러한 주제들에 대한 구체적인 기록에 앞서서, 자신이 데살로니가의 그리스도인들에게 주 예수 그리스도를 통하여 주었던 권고와 명령들을 이미 알고 있다고 말한다(2절). 사도 바울이 이 부분에서 강조하고 싶었던 것은 물론 데살로니가 교회의 성도들이 단지 바울의 명령을 "**다시 떠올리는 것**"이 아니었다. 데살로니가 교회의 성도들이 이미 알고 있다는 사실을 사도 바울이 언급한 것은, 그들이 『**어떻게 행해야 하고 어떻게 하나님을 기쁘시게 해야 하는가**』를 이미 알고 있기 때문에 그 명령들이 확실히 실천되고 있어야 함을 강조하기 위한 것이었을 뿐만 아니라, 단순한 실천을 넘어서 『**더욱더 넘치게 하라**』라고 강조하기 위함이었다. 『**그러므로 나의 사랑하는 형제들아, 견고하라, 흔들리지 말라, 항상 주의 일을 넘치게 하라. 이는 너희의 수고가 주 안에서 헛되지 아니한 줄을 너희가 앎이니라**』(고전 15:58).

■ 그리스도인의 넘치는 삶 ■

사도 바울은 우리 그리스도인들에게 넘치는 소망(롬 15:13), 넘치는 연보(고후 8:2), 넘치는 은혜(고후 9:8), 넘치는 지혜와 총명(엡 1:8), 넘치는 감사(골 2:7), 넘치는 사랑(살전 3:12)에 관해서도 기록하고 있다. 그리스도인의 삶은 넘치는 삶이어야 한다.

하나님의 뜻 : 거룩함

『하나님의 뜻은 이것이니, 곧 너희의 거룩함이니라. 너희는 음행을 삼가고 너희 각자가 거룩함과 존귀함으로 어떻게 자기 자신의 그릇을 소유하는가를 알며 하나님을 모르는 이방인들과 같이 색욕에 빠지지 말고 어떤 문제에 있어서도 정도를 지나쳐 자기 형제를 속이지 말라. 이는 우리가 미리 경고하였고 증거한 바와 같이 주께서는 이러한 사람들에 대하여 벌을 주시는 분이시기 때문이니라. 하나님께서 우리를 부르신 것은 부정함에 이르게 하려는 것이 아니라 거룩함에 이르게 하려 하심이니라. 그러므로 경시하는 자는 사람을 경시하는 것이 아니라 우리에게 그의 거룩한 영을 주신 하나님을 경시하는 것이니라』(살전 4:3-8).

성경에서 직접적으로 "**하나님의 뜻**"이라고 기록된 것은 "**거룩함**"(살전 4:3), "**감사**"(살전 5:18), "**선행**"(벧전 2:15), "**고난**"(벧전 4:19) 등이 있으며, 『**이것이 우리 구주 하나님 앞에 선하고 기뻐하실 만한 일이니 하나님께서는 모든 사람이 구원을 받고 진리의 지식에 이르기를 원하시느니라.**』(딤전 2:3,4)라고 기록

하심으로써 "모든 사람이 구원을 받고 진리의 지식에 이르는 것"이 하나님의 뜻임을 간접적으로 보여 주시기도 한다. 또한 "만물이 현재의 상태로 존속되고 있는 것"도 "주의 뜻"이라고 말씀하시고 있다. 『"오 주여, 주께서는 영광과 존귀와 권세를 받으시기에 합당하시니, 이는 주께서 만물을 창조하셨고, 만물이 주의 뜻대로 있으며, 또 창조되었기 때문이니이다."라고 하더라』(계 4:11).

"거룩하다"의 사전적 의미는 "뜻이 매우 높고 위대하다"라는 의미이다. 성경의 용례에 의하면, "하나님 자신"이 거룩하시고(레 11:44,45), "하나님의 소유"(출 3:5 『거룩한 땅』, 왕상 8:36 『주의 땅』, 슥 2:12 『거룩한 땅』), "하나님을 위해 따로 떼어 놓은 것"(레 27:30), "하나님께로 성별한 사람"(민 6:8) 등이 거룩하다. 그러므로 하나님의 자녀인 그리스도인들은 본질적으로 하나님의 소유이기에 거룩하고, 그 자신이 성별한 삶을 살 때 실제적으로 거룩하다. "거룩하다"의 반대말은 "속되다"(세속적이다)이다. 『또 그들은 내 백성에게 거룩한 것과 속된 것의 차이점을 가르칠 것이며 백성들로 불결과 정결의 차이를 분별하게 할지니라』(겔 44:23). 성경에서는 "속된 자"의 대표적인 예로 "에서"를 들고 있다. 『음행하는 자나, 한 그릇 음식을 위하여 장자권을 판 에서와 같이 속된 자가 없도록 하라』(히 12:16).

사도 바울은 "거룩함"과 "존귀함"(지위나 신분이 높고 귀함)을 위해서 "음행"(행위)을 삼가고(3절), "색욕"(마음)에 빠지지 말며(5절), "속이지 말라"(6절)고 말한다. 속이는 것에는 "거짓말"과 "위선"이 있는데, 이것들이 성도의 "거룩함"과 "존귀함"을 크게 훼손할 뿐만 아니라, 그것 자체가 죄임은 두말할 나위도 없다. 우리 자신이 하나의 "그릇"으로서 "거룩함"과 "존귀함"을 어떻게 담을 것인지 알아야 한다고 사도 바울은 명령한다(4절). "거룩함"과 "존귀함"을 담는 방법은 "성별," 즉 "속된 것으로부터의 분리"이다.

"거룩함"에 관한 사도 바울의 마지막 언급은 "거룩함"을 경시하는 사람은 우리에게 "거룩한 영을 주신 하나님"을 경시하는 것이라고 경고한다(8절). "거룩함"은 "하나님의 뜻"이기 때문에, 하나님의 뜻인 줄 알면서도 거룩함을 경시하는 것은 매우 위험한 자세이다. 이에 대해 사도 바울은 『**이는 우리가 미리 경고하였고 증거한 바와 같이 주께서는 이러한 사람들에게 벌을 주시는 분이시기 때문이니라.**』(6절)라고 강조하고 있다.

형제 사랑과 성실함

1. 형제 사랑

『형제 사랑에 관해서는 너희에게 쓸 필요가 없으니 이는 너희가 하나님께 몸소 배워 서로 사랑하고 있음이라. 너희가 온 마케도니아에 있는 모든 형제들에게 실로 이것을 행하는도다』(9,10절).

『**형제 사랑**』은 예수 그리스도의 명령이다. 『**내가 새 계명을 너희에게 주노니 이는 너희가 서로 사랑하라는 것이라. 내가 너희를 사랑한 것같이 너희도 서로 사랑하라**』(요 13:34). 『**형제 사랑**』의 원천은 성령님에 의하여 우리 마음속에 부어진 『**하나님의 사랑**』이다. 또한 이 『**하나님의 사랑**』은 예수 그리스도 안에서 우리가 가진 소망이 부끄럽지 않게 만들어 준다. 『**소망이 부끄럽지 않은 것은 우리에게 주신 성령에 의하여 하나님의 사랑이 우리 마음속에 부어졌기 때문이라**』(롬 5:5). 우리 마음속에 부어진 하나님의 사랑이 성령님을 통하여 역사할 때 "형제 사랑"이 실천될 수 있다. 이런 일들은 오직 "성령님의 인도하심에 순종함"으로써만 가능하다. 사랑이 없으면 아무것도 아니고, 아무 유익도 없다. 『**사랑이 없으면 나는 아무것도 아니요... 사랑이 없으면 내게 아무 유익이 없느니라**』(고전 13:2,3).

2. 성실함

『또 우리가 너희에게 명한 것같이, 너희는 조용히 하고 너희 자신의 일을 행하며 너희 손수 일하도록 힘쓰라. 이는 외부 사람들에게 단정히 행하고 또한 아무것도 궁핍함이 없게 하려 함이라』(11-12절).

성실히 일하여 자기 생계를 스스로 유지하는 것은 그리스도인이 아닐지라도 당연한 것이며, 세상 사람들도 당연히 여기는 것이다. 사도 바울은 데살로니가후서에서도 유사한 기록을 남겼다. 『**우리가 너희와 함께 있을 때에도 너희에게 명하기를 누구든지 일하기 싫어하거든 먹지도 말라 하였노라. 우리가 들으니 너희 가운데서 무질서하게 행하여 전혀 일하지 아니하고 참견 잘하는 자들이 있다 하니 이제 우리가 우리 주 예수 그리스도를 통하여 이런 자들에게 명하고 권하노니 조용히 일하고 자기 양식을 먹으라**』(살후 3:10-12).

성경은 더 나아가 자기 가족을 돌보는 것을 강조하신다. 『**만일 누군가가 자기 친족, 특히 자기 가족을 돌보지 않는다면 그는 믿음을 부인한 자요, 불신자보다 더 나쁜 자니라**』(딤전 5:8).

■ 새롭게 깨달았거나 적용할 내용이 있다면 적어 보세요. ■

주 예수 그리스도의 공중 재림과 환란 전 휴거

『형제들아, 잠든 자들에 관해서는 너희가 모르게 되는 것을 원치 아니하노니 이는 너희가 소망이 없는 다른 사람들과 같이 슬퍼하지 않게 하려는 것이라... 그러므로 이러한 말로 서로 위로하라』(13,18절).

사도 바울은 그리스도 안에서 잠든 자들에 대해 살아남아 있는 성도들이 슬퍼하며 그들의 "**견고함**"에서 이탈되지 않도록 하기 위하여, 예수 그리스도의 공중 재림과 휴거에 관한 지식을 전한다. 그리고 잠든 자들에 대해 슬퍼하는 성도들에게 『**이러한 말로 서로 위로하라.**』라고 권면한다.

1. 그리스도인들의 부활

『예수께서 죽었다가 다시 살아나신 것을 우리가 믿는다면 그와 같이 하나님께서는 예수 안에서 잠든 자들도 그와 함께 데리고 오시리라』(14절).

사도 바울은 우선 『**예수 안에서 잠든 자들**』, 즉 구원받고 죽은 사람들에 대해 살아남아 있는 성도들이 슬퍼하지 않게 하기 위해 "**예수 안에서 잠든 자들의 부활**"이 있음을 알려 준다. 구원받지 못하고 죽은 사람들은 모두 천년왕국 끝에 "**큰 백보좌 심판**"에서 심판받게 되지만, 구원받고 죽은 사람들은 대환란 직전에 예수 그리스도께서 오실 때(공중 재림) "**데리고 오신다.**" 이것이 바로 그리스도인들의 부활이다.

2. 그리스도인들의 휴거

『우리가 주의 말씀으로 너희에게 이것을 말하노니 주께서 오실 때까지 살아남아 있는 우리가 잠들어 있는 자들보다 결코 앞서지 못하리라. 주께서 호령과 천사장의 음성과 하나님의 나팔 소리와 함께 하늘로부터 친히 내려오시리니 그러면 그리스도 안에서 죽은 자들이 먼저 일어나고 그리고 나서 살아남아 있는 우리도 공중에서 주와 만나기 위하여 그들과 함께 구름 속으로 끌려 올라가리니, 그리하여 우리가 영원히 주와 함께 있으리라』(15-17절).

휴거의 신호는 『**호령과 천사장의 음성과 하나님의 나팔 소리**』이다(16절). 『**그리스도 안에서 죽은 자들**』은 예수 그리스도께서 "**데리고 오시자마자**," 즉 부활하자마자 『**공중에서 주와 만나기 위해**』 먼저 "**끌려 올라가고**," 『**살아남아 있는 우리**』도 "**구름 속으로 끌려 올라간다**." 바로 이 "**끌려 올라감**"이 "**휴거**"이다. 잠들어 있던 『**그들과 함께**』 끌려 올라가지만, 『**우리가 잠들어 있는 자들보다 결코 앞서지 못하리라.**』(15절)라는 말씀에 따라 잠들어 있던 그들이 먼저 끌려 올라가고, 거의 동시에 살아남아 있던 그리스도인들이 끌려 올라가는 것이 정확한 순서이다.

■ 휴거 때의 몸의 변화 ■

『보라, 내가 너희에게 한 가지 신비를 말하노니 우리가 다 잠잘 것이 아니요 오히려 우리가 모두 변화될 것이니 마지막 나팔 소리에 눈깜짝하는 순간에 그러하리라. 나팔 소리가 나면 죽은 자들이 썩지 아니하는 몸으로 일으켜지며 우리도 변화되리라. 그리하

여 이 썩을 몸이 반드시 썩지 아니할 몸을 입고 이 죽을 몸이 반드시 죽지 아니할 몸을 입으리라』(고전 15:51-53).

휴거 때 일어날 몸의 변화는 『**신비**』로서 우리 몸에는 여러 변화가 생긴다. 우선 『**우리가 다 잠잘 것이 아니요 오히려 우리가 모두 변화될 것이니**』(51절)라는 말씀은, "휴거"와 "변화"가 "죽은 이후에 혼이 셋째 하늘에 가는 것"이 아님을 분명히 보여 준다(요 11:25,26). 그런데 여기서 『**마지막 나팔 소리**』(52절, trump)는 데살로니가전서 4:16의 『**하나님의 나팔 소리**』(trump)를 의미하고, 요한계시록 11:15의 일곱째 천사의 나팔(trumpet)과 혼동해서는 안 된다. 고린도전서 15:51의 "**잠자는 자들**"은 52절의 『**죽은 자들**』이며, 데살로니가전서 4:16의 『**그리스도 안에서 죽은 자들**』로서, 교회 시대에 죽은 이후 셋째 하늘의 낙원에서 쉬고 있는 구원받은 그리스도인들이다. 이들이 모두 『**썩지 아니하는 몸**』으로 일으켜지고, 살아 있는 그리스도인들의 몸도 변화되어 이들과 동일한 『**썩지 아니할 몸**』, 즉 『**죽지 아니할 몸**』을 입게 된다. 이 몸은 노화와 죽음에 묶여 있고 물리적 법칙에 영향을 받는 지금의 몸과는 완전히 다른 몸, 즉 예수 그리스도와 같은 몸이다. 『**그가 만물을 자신에게 복종시키는 그 능력의 역사로 인하여 우리의 천한 몸을 그분의 영광스러운 몸같이 변모시키시리라**』(빌 3:21).

■ 새롭게 깨달았거나 적용할 내용이 있다면 적어 보세요. ■

NOTES

NOTES

제6과

빛의 자녀들에게 주는 권고(5장)

『항상 기뻐하라. 쉬지 말고 기도하라. 모든 일에 감사하라. 이것은 그리스도 예수 안에서 너희에 관한 하나님의 뜻이니라』 (살전 5:16-18).

정확히 알고 있는 재림의 때와 시기(1-4절)

『그러나 형제들아, 그 때와 시기에 관해서는 너희에게 쓸 필요가 없으니 이는 주의 날이 밤에 도둑같이 오리라는 것을 너희 자신이 정확히 알고 있기 때문이니라. 그들이 "평안하다, 안전하다." 고 말할 때에, 아이 밴 여인에게 진통이 오듯 갑작스런 멸망이 그들에게 임하리니, 결코 피하지 못하리라. 그러나 형제들아, 너희는 어두움에 있지 아니하니 그 날이 너희를 도둑같이 덮치지 못하리라』(1-4절).

성경의 주요 주제는 "재림"이다. 사도 바울은 재림(살전 3:13; 5:2)과 휴거(살전 4:15-17)를 데살로니가의 갓 회심한 그리스도인들에게 강조한다. 그리스도인이라면 누구나 자신에게 다가올 미래를 알아야 하기 때문이다.

우리는 재림이 있을 "정확한" 때와 시기를 알 수 있다(1,2절). 학자들은 마가복음 13:32을 예로 들면서 그 때와 시기를 "결코 알 수 없다"고 주장한다. 『**그 날과 시간에 관해서는 아무도 모르나니, 정녕 하늘에 있는 천사들도 모르고 아들도 모르며 오직 아버지만 아시느니라**』(막 13:32). 하지만 마가는 『**그 날과 시간에 관해서는 아무도 모르나니**』라고 말했지 "그 때와 시기"를 모른다고 말하지 않았다. 바울은 『**아이 밴 여인에게 진통이 오듯 갑작스런 멸망이 그들에게 임하리니**』(3절)라고 말함으로써, 남편이 임신한 자기 아내가 아기를 언제 낳을지 아는 것처럼 재림의 때와 시기를 알 수 있다고 기록한다.

또한 『**주의 날이 밤에 도둑같이 오리라는 것**』(2절)처럼 재림은 "밤"에 이루어진다. 유대인들은 밤을 사경점으로 나누어서 계산한다. 밤의 사경점은 6-9시(저녁), 9-12시(한밤중), 12-3시(닭이 울 때), 3-6시(아침)으로 이뤄져 있는데(막 13:35), 우리에게는 재림이 "도둑같이 덮치지 못한다"(4절). **왜냐하면 우**

리는 『**도둑**』이 언제 오는지 알고 있기 때문이다! 주님께서는 "아침 경점," 곧 3-6시인 "밤 제사경에"에 오신다(마 14:25). 그 재림의 아침에 『**의의 태양**』(말 4:2)으로서 오실 것이다. "만약 우리의 달력이 맞다면" 주님은 지금쯤 다시 오셔야만 한다. 하지만 설령 우리의 달력이 옳다 할지라도 하나님의 재림 시간표가 달라졌을 수 있다. 바로 다음과 같은 이유 때문이다. 『**주의 약속은 어떤 사람들이 더디다고 생각하는 것같이 더딘 것이 아니라 오직 우리에 대하여 오래 참으시어 아무도 멸망하지 않고 다 회개에 이르게 하려 하심이라**』(벧후 3:9).

빛의 자녀로서 재림을 기다리는 자세(5-11절)

『너희는 모두 빛의 자녀들이며 낮의 자녀들이라. 우리는 밤이나 어두움에 속하지 아니하노라. 그러므로 우리는 다른 사람들과 같이 자지 말고 깨어 있어 정신을 차리자. 이는 자는 자들은 밤에 자고 술 취하는 자들은 밤에 취하기 때문이라』(5-7절).

우리는 『**빛**』(요 1:8)이신 분의 자녀들이다. 『**거룩하게 하시는 분과 거룩하게 된 사람들이 모두 한 분으로부터 나왔으니, 그러므로 주께서 그들을 형제라 부르기를 부끄러워 아니하시고, 말씀하시기를 "내가 주의 이름을 내 형제들에게 선포하고 교회 가운데서 주를 찬송하리이다." 하셨으며 또다시 "내가 주를 신뢰하리라." 하시고, 또다시 "보라, 나와 하나님께서 내게 주신 자녀들이라."고 하셨느니라**』(히 2:11-13).

우리는 "어두움 속에" 있지 아니하므로 대환란을 통과하지 않는다. 우리는 그리스도의 몸 안에 있으며, 그분의 몸은 우주의 어떤 빛보다도 밝게 빛나고 있다. 우리는 그 빛이신 분의 자녀들이다. 빛의 자녀들은 교회 시대의 밤에 자지도 취하지도 않는다. 세상은 밤이어도 우리는 언제나 낮에 속하기 때문이다. 대낮에 술에 취하여 곯아떨어진 자는 제정신이 아니다. 낮에 속한 빛의 자녀는 술 취하지도 영적으로 잠들지도 않아야 한다. 『**너희가 한때는 어두움이었으나 이제는 주 안에서 빛이니 빛의 자녀들로서 행하라. (이는 성령의 열매는 모든 선과 의와 진리 안에 있음이라.)... 그러므로 그가 말씀하시기를 "잠자는 자여 깨어라. 그리고 죽은 자들로부터 일어나라. 그러면 그리스도께서 네게 빛을 주시리라."고 하셨느니라... 술 취하지 말라. 그것은 방탕한 것이니 오직 성령으로 충만하라**』(엡 5:8,9,14,18).

우리는 밤이나 어두움에 속하지 않는다(5절). 『**세상의 빛**』을 소유했고, 『**그 분이 빛 가운데 계신 것같이... 빛 가운데**』 행할 수 있는(요일 1:5-7) 우리는 주님의 말씀을 발에 등불과 길에 빛을 삼아(시 119:105) 세상의 어두움으로부터 분리된 삶을 살아야 한다. 『**믿지 않는 자들과 멍에를 같이 메지 말라. 의가 불의와 어찌 관계를 맺으며 빛이 어두움과 어찌 사귀겠느냐? 그리스도가 벨리알과 어찌 조화를 이루며 또한 믿는 자가 믿지 않는 자와 어떤 부분을 같이하겠느냐? 하나님의 성전과 우상들이 어찌 일치되겠느냐? 이는 너희가 살아 계신 하나님의 성전임이라. 하나님께서도 말씀하시기를 "내가 그들 가운데서 살 것이며 그들 가운데서 다닐 것이며 나는 그들의 하나님이 되고 그들은 나의 백성이 되리라. 그러므로 주가 말하노라. 너희는 그들에게서 나와 따로 있고 더러운 것을 만지지 말라. 그리하면 내가 너희를 영접할 것이며 또 나는 너희에게 아버지가 되고 너희는 내 아들들과 딸들이 되리라. 전능하신 주가 말하노라."고 하셨느니라**』(고후 6:14-18). 하나님의 관점에서 이 시대는 "밤"이다. 불이 꺼지면 술 취한 자들이 거리를 활보한다. 밤은 범죄자들의 시간이다. 죄인들은 밤에 죄를 짓는다. 낮에 속한 우리는 정신을 차리고 영적으로 무장하고 있어야 한다.

『그러나 우리는 낮에 속하니 정신을 차리고 믿음과 사랑의 흉배를 붙이고 구원의 소망인 투구를 쓰자. 이는 하나님께서 우리가 진노를 받도록 정해 놓으신 것이 아니라 우리 주 예수 그리스도를 통하여 구원을 받게 하셨기 때문이라』(8,9절).

본문의 『**진노**』(9절)는 자상 재림 그 이상을 의미한다. 그 진노는 재림 때의 불(말 4:1-4)을 넘어 결국 지옥불(살후 1:8,9)과 영원에서의 불못(계 20:11-14)을 의미하기 때문이다. 우리는 그러한 진노를 받도록 정해져 있지 않다. 오히려 주 예수 그리스도를 통하여 구원을 받게 하셨기 때문에 그 영원한 불의 형벌을 피할 수 있게 되었다. 『**그러므로 이제 그의 피로 의롭게 되었으니 더욱더 우리가 그를 통하여 진노로부터 구원받게 되리라**』(롬 5:9). 자상 재림은 지옥과 불못의 전주곡에 지나지 않는다. 예수 그리스도의 보혈만이 죄인들을 『**마귀와 그의 천사들을 위하여 준비한 영원한 불**』(마 25:41)에 던져지는 것으로부터 구원할 수 있다.

주님께서는 우리가 "깨든지 자든지," 즉 살든지 죽든지 주님과 함께 살게 하려고 우리를 위해 죽으셨다. 우리는 살아 있든지 죽어 있든지 그리스도와 함께 살아 있다. 바로 이 진리로 서로를 위로하고 세워 주어야 한다(10,11절).

빛의 자녀들에게 주는 바울의 마지막 권고(12-28절)

『형제들아, 우리가 너희에게 간구하노니 너희 가운데서 수고하고 주 안에서 너희를 다스리며 훈계하는 사람들을 알아서 그들의 하는 일로 인하여 사랑으로 그들을 극진히 존경하라. 너희는 서로 화목하라』(12,13절).

12,13절은 말씀과 교리에 수고하는 사역자들에 대한 존경과 복종을 요구한다. 『**잘 다스리는 장로들을 배나 존경할 사람으로 여기되 특별히 말씀과 교리에 수고하는 이들에게 그리할지니라**』(딤전 5:17). 『**너희를 다스리는 자들에게 순종하며 복종하라. 그들은 너희 혼들을 위해 깨어 있기를 자기들이 마땅히 설명해야 할 것처럼 하느니라. 그들로 기쁨으로 하게 하고 슬픔으로 하지 않게 하라. 이는 그것이 너희에게 유익이 없음이라**』(히 13:17). 이러한 말씀들이 있더라도 사역자는 그러한 것을 강제로 요구해서는 안 된다. 『**이와 같이 주께서도 복음을 전하는 사람들은 복음으로 살아야 한다고 명령하셨느니라. 그러나 내가 이런 것을 하나도 사용하지 아니하였으며 또 이런 일을 기록한 것은 나에게 그렇게 해 달라는 것이 아니니 누군가 나의 자랑함을 헛되게 하느니 차라리 죽는 것이 더 나으리라. 내가 복음을 전할지라도 내게 자랑할 것이 없으니 이는 내가 부득불 해야 할 일이기 때문이라. 만일 내가 복음을 전하지 아니하면 정녕 내게 화가 있으리라! 내가 기꺼이 이 일을 하면 상이 있으려니와 기꺼이 하지 아니한다 해도 복음의 경륜이 내게 맡겨졌음이라**』(고전 9:14-17). 사역자는 성도들을 지배하지 않고 권면하는 위치에 있는 사람이며(벧전 5:3), 출석률이나 수입이 아닌 성도들의 문제에 관심을 가져야 한다.

데살로니가전서의 마지막 장 마지막 부분에는 갓 회심한 성도가 따라야 할 기본적인 지침들이 나온다(cf. 롬 12:8-21, 엡 4:22,23).

1. 『**형제들아, 너희에게 권고하노니, 무질서한 자들을 훈계하며 낙담한 자들을 위로하고 약한 자들을 붙들어 주며 모든 사람들에게 오래 참으라**』(14절). 지역 교회에서는 훈계하고 위로하고 (몸에 질병이 있거나 믿음이 연약한 지체들을) 붙들어 주고 (모든 사람들에게) 오래 참는 일이 필요하다.

2. 『**주의하여 아무에게도 악으로 악을 갚지 말고, 오히려 너희 자신들 가운데서와 모든 사람들에게 선한 것을 항상 따르라**』(15절). 그리스도인은 구원받은 사람에게든, 그렇지 않은 사람에게든 그 누구에게도 악을 행해서는 안 되며,

항상 선한 것만을 따라야 한다.

3. 『**항상 기뻐하라. 쉬지 말고 기도하라. 모든 일에 감사하라. 이것은 그리스도 예수 안에서 너희에 관한 하나님의 뜻이니라**』(16-18절). 이 세 구절의 중심은 "쉬지 말고 기도하라."이다. 그리스도인은 그의 기도에 기쁨과 감사가 있어야 한다. 기도한 후 근심하지 말고 주 안에서 기뻐해야 한다(빌 3:1). 또한 자신이 기도 드린 제목들에 대해 하나님께 감사드려야 한다(빌 4:6).

4. 『**성령을 소멸하지 말라. 예언을 멸시하지 말라**』(19,20절). 성령께서 그리스도인 자신 안에서나 교회의 회중 가운데서나 다른 사람들 안에서 역사하실 때 그 성령의 역사에 찬물을 끼얹지 말아야 한다. 20절에 따르면 19절의 "성령을 소멸하는 행위"는 지역 교회의 회중 가운데서 성령의 역사를 중단시키는 것과 관련이 있다(고전 14:31-33).

5. 『**모든 일을 시험하여 보고 선한 것을 붙잡으라**』(21절). 그리스도인은 검증해 보지 않고 뭔가를 덥석 믿어서는 안 된다. 새로운 성서가 출간되면 그 배후에 있는 영을 시험해 봐야 한다. 『**사랑하는 자들아, 모든 영을 다 믿지 말고 그 영들이 하나님께 속하였는지 시험하라. 이는 많은 거짓 선지자들이 세상에 나왔음이니라**』(요일 4:1). 유사 킹제임스성경들을 만드는 일은 그 배후에 창세기 3장의 옛 뱀이 있다. 그런 가짜 성경을 만들어 놓고 목소리를 높이는 자보다 더 큰 위선자는 없다.

6. 『**악은 어떤 형태**[appearance]**이든지 피하라**』(22절). 이 말씀은 모든 의심스러운 것, 악처럼 보이는 것, 악을 행하는 것처럼 보이는 것조차 피하라는 뜻이다.

7. 『**화평의 하나님 바로 그분께서 너희를 온전히 거룩하게 하시고 너희의 온 영과 혼과 몸이 우리 주 예수 그리스도께서 오실 때까지 책망할 것이 없게 보존되기를 하나님께 기도하노라. 너희를 부르시는 분은 신실하시니 그가 또한 이것을 행하시리라**』(23,24절). 인간의 삼중구조를 알 수 있게 해 주는 말씀

이다. 그리스도인의 영, 혼, 몸이 주 예수 그리스도께서 오실 때(즉 재림 때)까지 책망할 것이 없게 보존된다는 것은 교회가 휴거되어 "그리스도의 심판석"을 거친 결과이다. 우리는 그리스도의 심판석에서 정결케 되어 책망할 것이 없는 상태에서, 즉 "점이나 주름진 것이 없는 거룩하고 흠 없는 영광스러운 교회"(엡 5:27)로서 주님과 지상에 함께 내려올 것이다. 신실하신 하나님께서 이 일을 보장하신다.

『형제들아, 우리를 위하여 기도하라. 거룩한 입맞춤으로 모든 형제들에게 문안하라. 내가 주를 힘입어 너희에게 부탁하노니 이 편지가 모든 거룩한 형제들에게 읽혀지게 하라. 우리 주 예수 그리스도의 은혜가 너희와 함께 있을지어다. 아멘』(25-28절).

유다 이스카리옷은 "배반의 입맞춤"으로 예수님께 다가섰다(마 26:48,49, 눅 22:48). 그리스도인은 『**거룩한 입맞춤**[an holy kiss]』 곧 『**사랑의 입맞춤**[a kiss of charity]』(벧전 5:14)으로 서로에게 다가서야 한다. 『**거룩한 입맞춤**』은 『**거룩한 형제들**』이 볼과 볼을 맞대어 인사하는 것이다. 이는 팔레스타인식 인사법이며 "코리안들"에게는 어색하기 그지없지만, 어쨌든 우리 역시 성경대로 서로에게 반갑게 인사해야 한다. **그리고 무엇보다 이 모든 명령을 행하여 빛의 자녀로서 빛을 간직해야 한다**.

■ 새롭게 깨달았거나 적용할 내용이 있다면 적어 보세요. ■

NOTES

<추 천 도 서>

데살로니가전후서, 빌레몬서

피터 S. 럭크만 지음 / 258쪽

12,000원(eBook 8,400원)

이 책은 갓 거듭난 성도가 자신의 믿음을 확고히 하기 위해 필히 읽고 알아야 하는 책이다. 주님께서 다시 오신다는 성경 전체를 관통하는 위대한 진리를 담고 있다.

휴거 이후에 있을 일들

피터 S. 럭크만 지음 / 190쪽

10,000원(eBook 7,000원)

휴거와 재림 때에 믿는 자와 믿지 않는 자들에게 각각 닥칠 일들에 대해서 사실적인 묘사로 설명해 주며, 재림의 경로 등 다소 심도 깊은 내용도 담고 있다.

잊혀진 진리들

로버트 앤더슨 지음 / 152쪽

5,000원(eBook 2,900원)

주님께서 다시 오신다 약속하시고 승천하신 지 2천 년이 되었건만 아직 주님은 오시지 않았다. 하지만 머지않아 그 약속의 성취를 모두가 목도하게 될 것이다.

눈 깜짝할 사이가 지난 후

노아 허칭스 지음 / 40쪽

2,000원(eBook 1,400원)

현재 우리 주위에서 일어나고 있는 사건들은 우리 주님께서 다시 돌아오실 때가 심히 가까웠다는 것을 말해 준다. 이 책은 마지막 날에 있을 일들에 대한 대담형식의 글이다.

솔로몬 성경공부 시리즈

데살로니가전서

주의 날을 대비하라

초판1쇄 2023년 6월 8일
초판2쇄 2023년 9월 1일
지 은 이 / 편 집 부
발 행 인 / 박 승 용
발 행 처 / 말씀보존학회
출판등록 / 제409-2022-000036호
주　　소 / 서울 강서우체국 사서함 제90호
전　　화 / (02) 2665 - 3743
팩　　스 / (02) 2665 - 3302
인 터 넷 / www.biblemaster.co.kr

값 10,000 원